어떻게 돌파할 것인가

저성장 시대, 기적의 생존 전략 ──── 김현철 지음

어떻게 돌파할 것인가

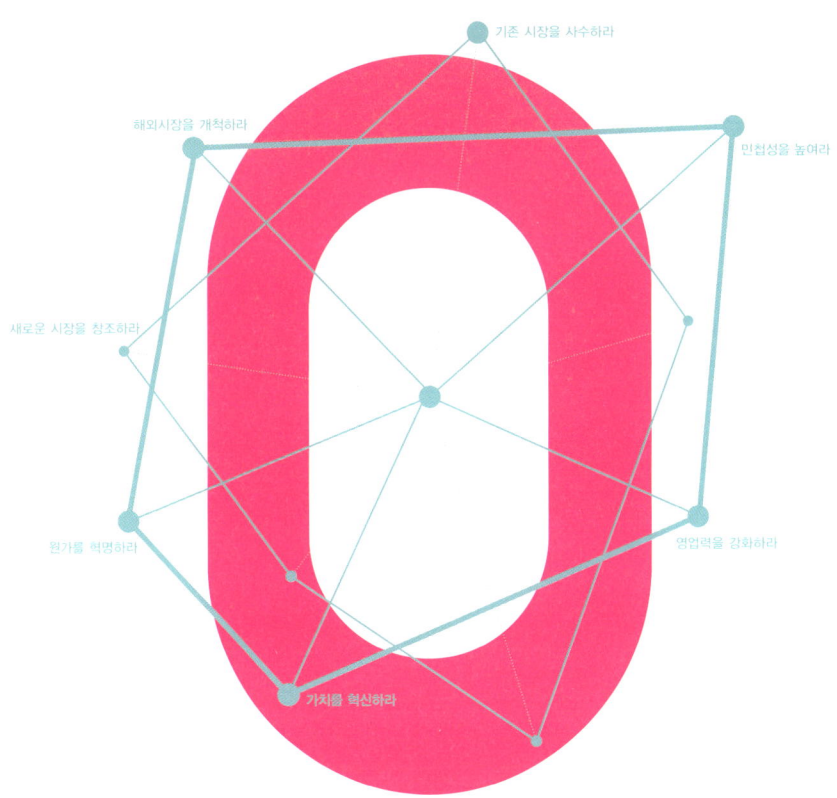

다산북스

저자 서문

저성장의 돌파구,
일본에서 찾자!

저성장의 공포가 한국 경제를 뒤덮고 있다. 1990년대 초반까지 10% 전후의 경제성장을 구가하던 한국 경제가 최근에는 2%대 경제성장에 머무르고 있다. 생산가능인구가 본격적으로 감소하는 2020년대 후반에는 제로 성장으로 떨어질 것이라는 전망까지 나오고 있다.

이 때문인지 저성장을 걱정하는 목소리가 높다. 지난 3년간만 보아도 한국의 신문과 잡지에 저성장에 관한 기사가 2만 건 이상 실렸다. 또한 최근 전문가를 대상으로 한 조사결과에서도 한국 경제의 1등 키워드로 구조적 저성장이 뽑혔다.

저성장에 대한 우려는 한국만의 현상이 아니다. 일본과 유럽이 저성장을 경험하고 있고 세계 경제를 견인하던 미국마저도 다가올 저성장을 걱정하고 있다. 또한 중국이나 러시아, 브라질과 같은 신흥국마저도 저성장의 공포에 떨고 있다. 이를 반영하듯 뉴 노멀(New Normal)이나 퍼펙트 스톰(Perfect Storm)과 같은 새로운 용어까지 등장했다.

이러한 상황에서 3가지 질문을 자연스럽게 하게 된다.

- 진짜 한국 경제는 저성장의 나락에 떨어질 것인가?
- 저성장이 되면 한국 경제는 어떻게 되는가?
- 이 시점에 한국 기업들은 저성장에 어떻게 대비해야 하는가?

이 책은 이러한 근본적인 질문에 답하고자 한다. 우리보다 먼저 저성장을 경험한 일본을 철저히 분석함으로써 이 질문에 대한 답을 준비했다. 이 책에서는 저성장으로 얼룩진 일본 경제의 흐름을 보여주면서 대응 실수로 많은 어려움을 겪었던 일본 기업들의 실패담을 담았다. 그리고 이를 토대로 한국 기업들이 취해야 할 대응 전략을 구체적으로 제시했다.

나는 일본 경제와 일본 기업에 대한 전문가로서 지난 30년간 일본을 연구해왔다. 특히 저성장기에 많은 일본 기업들을 자문하면서 저성장기의 일본을 직접 피부로 느껴왔다.

또한 저성장기에 맞설 대응 전략을 모색하는 많은 선도적인 한국 기업들을 자문하고 지도했다. 이 기업들 중에는 삼성전자와 현대자동차, LG, 포스코, 롯데, 코오롱, 아모레퍼시픽 등이 있었다. 이들

기업들을 자문하고 지도한 결과를 반영해 이 책을 썼다. 물론 이 책에는 이들 특정 기업에 대한 구체적인 전략보다는 저성장을 걱정하는 많은 한국 기업들이 활용할 수 있는 일반적인 전략을 제시했다.

이 책을 쓰면서 많은 분들의 도움을 받았다. TSE의 권상준 회장님과 아모레퍼시픽의 서경배 회장님, BGF리테일의 홍석조 회장님, 넥센타이어의 이현봉 부회장님, 일본 기분식품의 호아시 회장님, 월드패션의 테라이 회장님에게 특히 감사를 드린다. 또한 저성장 수업에 참여해 많은 지적을 해준 국제대학원 학생들과 교정 작업을 도와준 유상희, 김원민, 김예슬 조교에게 감사한다.

위기에는 선제적으로 대응하는 기업만이 생존할 수 있다. 한국 기업들이 이 책을 통해 미리미리 저성장 시대에 대비하길 바란다.

차례

저자 서문 _ 저성장의 돌파구, 일본에서 찾자! _5
들어가는 말 _ 누가 살아남아 번성할 것인가? _13

1부. 일본을 알면 돌파구가 보인다
한 일 경 제 흥 망 사

1장 한국 경제, 저성장이 시작됐다
한강의 기적은 끝났다 _29
한국 경제의 구조적 문제점 _39
인구 절벽이 온다 _45
아직 마지막 기회는 남았다 _49

2장 왜 일본은 저성장에 빠졌을까?
버블 경제가 시작되다 _55
붕괴하는 버블, 일본의 3가지 실수 _63
누가 위기로 몰고 갔는가? _65
통제력을 잃은 섬나라 경제 _70
추락하는 화살에 매달린 일본 _75

3장 일본 기업, 성공신화는 끝났다
어떻게 일본 기업은 고성장을 했던 것일까? _81
저성장 사회, 소비자가 변했다 _87
카테고리 킬러들이 판도를 바꾸다 _93
사업모델의 붕괴 _99

4장 쇠퇴하는 일본 기업들
장인정신과 갈라파고스화 _105
거인들이 몰락하는 이유 _111
왜 더 이상 도전하지 않는가? _115
리더가 문제다 _122
실패에서 배워라 _126

2부. 시장을 장악하라
저성장 시대, 기적의 생존 전략 1

5장 대한민국 기업, 제로 성장에 대비하라
악순환이 반복된다 _135
10인 1색 소비에서 10인 10색 소비로 _140
새로운 유통 환경의 탄생 _143
더 이상 우아한 경쟁은 없다 _148
머리끝부터 개조하라 _151

6장 시장 생존 전략 1: 해외시장을 개척하라
해외 수출의 한계 _159
현지화와 표준화 사이 _165
해외진출에 성공하는 3가지 조건 _172
가설 검증으로 실패 확률을 낮춰라 _177

7장 시장 생존 전략 2: 기존 시장을 사수하라
두 마리 토끼를 잡아라 _181
강력한 시장 지위를 구축하라 _184
양적 성장에서 질적 성장으로 _187
중심을 잡아야 이긴다 _192
홈런을 칠 준비가 되었는가? _197

8장 시장 생존 전략 3: 새로운 시장을 창조하라
어떻게 길을 뚫을 것인가? _203
신시장 개척 방법 1: 시장 창조형 _207
신시장 개척 방법 2: 사업 창조형 _213
신시장 개척 방법 3: 질서 파괴형 _218
큰 시장을 향한 환상을 버려라 _223

3부. 경영 방식을 바꿔라
저성장 시대, 기적의 생존 전략 2

9장 경영 생존 전략 1: 원가를 혁명하라
전통적인 원가절감 방법 _231
너 죽고 나 사는 잔혹 경쟁의 시작 _234
차원이 다른 원가절감 _237
슬림화와 동기화, 도요타에서 배워라 _241
기존의 가치사슬을 파괴하라 _247

10장 경영 생존 전략 2: 가치를 혁신하라
성공하는 기업의 생존부등식 _255
어떻게 혁신해야 성공할까? _260
가치혁신에 성공하는 4가지 방법 _267
창조성과 불타는 투혼 _275

11장 경영 생존 전략 3: 영업력을 강화하라
천대받던 영업 _281
미운 오리새끼에서 백조로 _286
영업력을 강화하는 5가지 방법 _289
'영업의 신'에게 배우자 _302

12장 경영 생존 전략 4: 민첩성을 높여라
낯선 세계로의 출발 _309
민첩성 강화 방법 1: 현장 대응력을 길러라 _313
민첩성 강화 방법 2: 마켓센싱하라 _319
민첩성 강화 방법 3: 조직 구심력을 키워라 _323
남겨진 과제들 _330

나가는 말 _ 9가지 전략으로 만반의 준비를 하라 _338
주석 _346
참고자료 _356

들어가는 말

누가 살아남아 번성할 것인가?

세계 경제가 불안하다

세계는 지금 '저성장 위기를 피할 수 없다'는 비관론이 커져가고 있다. 특히 미중 패권전쟁과 코로나 사태를 경험하면서 이러한 비관론은 더욱 확산되고 있다.

공포의 발단은 2008년에 발생한 글로벌 금융위기였다. 세계 4대 투자은행 중 하나인 리먼 브라더스가 전후 최대 도산극을 연출하며 파산함으로써 미국 경제가 휘청거렸고, 그 여파가 세계적으로 확산되면서 아일랜드와 그리스와 같은 국가마저 채무불이행 상태에 빠져들었다.

이를 막기 위해 벤 버냉키 당시 미국 연방준비제도(FRS) 이사회 의

글로벌 금융위기에 대한 책임을 물으며 2011년에 일어난 '월스트리트 점령(Occupy WallStreet)' 시위

장은 2009년 3월에 1조 7500억 달러를 긴급히 투입했고 이후 2014년 10월까지 5차례에 걸쳐 총 4조 달러(우리 돈으로 4375조억 원, 미국 GDP의 25%)를 쏟아부었다. 그 결과 5년여에 걸친 금융위기는 진정되기 시작해 한때 10%에 달하던 미국 실업률도 5%대로 떨어졌다.

하지만 여전히 불씨는 남아 있다. 미국의 양적 완화 종료 후에 실시될 금리인상 때문에 신흥국들의 주가가 폭락하고 러시아를 포함한 유럽 국가의 경제는 디플레이션의 나락에 빠져 좀처럼 헤어나지 못하고 있다. 일본은 꺼져가는 경제를 아베노믹스를 통해 살려보려고 노력했지만 본격적인 회복까지는 아직 갈 길이 멀다.

일부 학자들은 이러한 상태를 '새로운 정상기조(New Normal)'라고 부르기 시작했다. 안정된 고소득과 고성장이 일반적이었던 과거는

먼 옛날(Old Normal)이 되었고 이제부터는 저성장과 저소득, 고실업, 고불확실성이 일반화되는 사회가 도래한다는 것이다.

저성장을 중심으로 한 이러한 기조가 범세계적으로 정착하게 된 데에는 여러 가지 요인이 복합적으로 작용했기 때문이다.

하나가 세계적인 금융 불안이다. 2008년의 글로벌 금융위기가 어느 정도 진정되었다고는 하나 여전히 세계적인 금융기관들은 불량 채권을 안고 있기 때문에 대출과 투자에 보다 신중하게 되었다. 여기다 금융위기를 거치면서 금융기관에 대한 정부의 관리 감독이 더욱 강화됨에 따라 금융기관 스스로 몸을 사리는 측면도 있다.

그 결과 기업들은 자금 조달에 어려움을 겪으며 투자 또한 줄이게 되었다. 가계도 임금소득과 자산소득이 줄어듦에 따라 총 수요가 감소했고 그 결과 기업의 투자 또한 줄어드는 악순환에 빠지게 되었다.

이러한 악순환은 기업과 가계의 양극화를 더욱 심화시켰다. 글로벌 금융위기 속에서 부채 비율이 높은 기업들은 도산하거나 좀비기업으로 전락했고 일부 우량기업만 승승장구했다.

또한 개인과 가계도 빈익빈 부익부 현상이 더욱 두드러졌다. 미국의 여론조사기관인 퓨 리서치(Pew Research)의 조사에 따르면 글로벌 금융위기 이후 소득 상위 7% 가구의 순자산은 320만 달러로 금융위기 이전보다 28%나 증가했지만, 나머지 93% 가구의 순자산은 13만 달러로 오히려 4%나 감소했다.

저성장을 초래하는 두 번째 요인은 글로벌화다. 글로벌화로 정보와 인적·물적 자원의 이동이 보다 자유로워지면서 위기를 증폭시키는 역할을 했다. 과거 국지적으로 머물던 정치적·외교적 갈등이 전 세계로 파급되고, 한 지역 내 금융기관의 불안정성이 전 세계로 확산되면서 자금 흐름을 더욱 불안정하게 만들었다.

또한 글로벌화는 노동인력의 이동과 대체를 보다 용이하게 함으로써 가계 양극화를 더욱 심화시켰다. 미국의 숙련 노동자가 인도의 청년들에 의해서 대체되기도 하고 신흥국의 공업화로 선진국 제조업의 고용이 감소되기도 했다.

저성장을 초래하는 세 번째 요인은 기술혁신의 정체다. 19세기 말부터 20세기 중반까지의 생산성 증가는 내연기관 및 상하수도 보급으로 대표되는 2차 산업혁명과 그에 수반되는 기술혁신에 기인한 바가 컸다. 그러나 20세기 후반부터 일어나기 시작한 전자, 컴퓨터와 같은 3차 산업혁명은 생산성 향상이 예상보다 크지 않았으며 일부에는 고용 없는 성장을 가져다주었다.

한 예로 미국에서는 금융위기 이후 IT 기술지원 인력이 10%나 감소했고 일본에서는 비정규직 저숙련 노동자가 정규직 숙련 노동자의 업무를 상당 부분 대체했다. 그 결과 고용은 고급 전문직 일자리와 단순 노무직 일자리로 양극화되기 시작했으며 이것이 소비 감소와 기업의 투자 감소로 이어졌던 것이다.

저성장을 초래하는 마지막 요인은 세계적인 저출산 고령화 현상이다. 현재 세계 각국은 고령화로 골머리를 앓고 있다.[1] 일본과 독일, 미국, 한국 등의 국가에서 고령화가 급속히 진행되고 있고 특히

세계 경제의 큰 흐름

1929~1945년	세계 대공황과 제2차 세계대전
1945~1973년	대 도약기
1973~1979년	석유 파동
1980~2007년	대 안정기
2008년 이후	장기 침체기

인구 대국 중국마저 저출산 고령화로 고민이 깊어져 급기야 1가구 1자녀 정책을 포기하는 일까지 벌어졌다.

문제는 15세부터 64세까지 생산가능인구의 변화다. 이 인구는 생산활동에 참여함으로써 부가가치를 만들어낼 뿐만 아니라 소비도 왕성해서 경제에 활력을 불어넣는 역할을 한다. 이 인구가 총 인구에서 차지하는 비율이 선진국에서는 2010년 전후에 절정을 맞이한 뒤 줄어들 가능성이 대단히 높다.

제2차 세계대전 이후 일어난 경제성장은 생산가능인구의 증가에 기인하는 바가 컸다. 전후의 베이비붐과 유아사망률 저하, 평균 수명 증가로 생산가능인구가 증가함으로써 세계 경제가 활황을 경험했다. 소위 '인구 보너스(Demographic Bonus)'가 있었던 것이다.

하지만 선진국을 중심으로 이들이 늙어감에 따라 경제성장이 지체되는 '인구 오너스(Demographic Onus)' 현상이 나타나기 시작했다. 이 바람에 '인구 보너스 ➡ 낙관 ➡ 신용 팽창 ➡ 고성장 ➡ 낙관'으로 이어지던 선순환이 멈추고 '인구 오너스 ➡ 비관 ➡ 신용 수축 ➡ 저성장 ➡ 비관'으로 연결되는 악순환이 시작되었다.

이처럼 2008년 이후 일어난 글로벌 금융위기와 혁신의 정체, 저출산 고령화 등이 맞물려 세계 경제가 장기 저성장에 빠져들 위험에 처한 것이다.

한국 경제가 떨고 있다

세계 경제만 저성장의 공포에 떨고 있는 것은 아니다. 한국 경제도 저성장에 직면해 있다. 1963년에서 1991년까지 연평균 9.5%의 고성장을 구가하던 한국 경제가 1992년에서 2011년까지는 연평균 5.1%의 성장률로 떨어지더니 2012년 이후는 2%대의 성장밖에 하지 못하고 있다. 특히 최근의 전 분기 대비 성장률을 보면, 2011년 1분기부터 9분기 연속 0%대 성장을 하다가 2013년 2분기와 3분기에 1%대 성장으로 회복되는 듯하더니만 다시 4분기 연속 제로 퍼센트대 성장을 이어가고 있다.

이렇게 경제성장률이 떨어진 것은 세계 경제의 부진 때문만은 아니다. 내수 부진도 심각하다. 우선 소비 부문을 보면 GDP 대비 가계의 소비 지출 비중은 2002년 이후 지속적으로 하락하고 있고 전체 가계의 평균 소비 성향 역시 60%로 하락했다.

소비 비중과 소비 성향이 모두 하락하는 데에는 높은 가계부채 문제가 있다. 현재 가계부채는 1000조 원을 넘어섰다. 산술적으로

중국 광저우의 LG 디스플레이 공장. 많은 기업들이 이처럼 해외시장에 투자하고 있다.

국민 1인당 2000만 원 이상 빚을 지고 있는 셈이다. 이 빚이 한국 경제의 발목을 잡고 있다.

또한 기업들의 투자도 오래도록 부진을 면치 못하고 있다. 한국 경제가 노동생산성은 낮은 데다 대단히 고비용 구조이기 때문이다. 또한 정부의 규제 등으로 인해 국내시장의 매력도도 점점 낮아지고 있다. 더구나 최근 중국과 같은 신흥국 기업들이 급속히 추격해 오고 있기 때문에 많은 기업들이 국내보다는 해외에 투자하고 있는 실정이다.

국내 소비와 투자가 부진하면 정부 지출을 늘려서라도 내수를 진작해야 하지만 이 또한 한계가 있다. 정부도 공기업 부채를 포함해 많은 부채를 안고 있기 때문이다. 더구나 빠른 고령화로 정부의 복지 지출이 급격히 늘어나고 있다. 내수 부진으로 세입은 주는데 복지 지출 등은 점점 더 늘어나니 정부의 경기 부양 능력도 줄어들 수밖에 없다.

이 상황에서 한국 경제에 인구 절벽(Demographic Cliff)이 도래하고 있다. 2016년경부터 생산가능인구가 줄기 시작하고 2020년경에는 인구 절벽이 도래할 예정이다. 인구 절벽이란 한 세대의 소비가 정점을 찍고 감소함으로써 경제 전체가 둔화되는 현상을 말한다.

문제는 현재의 한국은 저성장을 감당할 여력이 부족하다는 점이다. 한국은 세계 12위의 경제규모에 불과한 데다 1인당 국민소득도 이제 3만 달러를 넘긴 상태다. 이나마 기업 불평등과 소득 불평등이 심해서 저성장의 충격을 흡수하기에는 한계가 있다.

이 때문에 몇몇 기업들은 재빠르게 '한국 탈출'을 감행하고 있다. 국내 공장을 해외로 이전하거나 최첨단 공장도 해외에 건설한다. 앞에서는 일자리 창출과 투자 확대를 이야기하지만 뒤로는 한국을 떠나고 있는 것이다.

개인도 마찬가지다. 얼마 전 만난 금융기관 간부는 국내 펀드를 모두 청산하고 해외 펀드로 갈아탔다고 이야기했다. 국내 펀드에 투자해봐야 경제성장률 이상의 초과 수익을 좀처럼 기대할 수 없기 때문이다.

물론 한국을 떠나 해외로 나가는 방법도 있다. 하지만 되도록이면 이 땅에 머물면서 살아날 방법을 찾아야 한다.

이 책의 구성

이 책에서는 저성장기 한국 기업의 생존 전략을 모색할 것이다. 그것도 한국에 앞서 저성장을 경험한 일본을 철저히 분석함으로써 그 대책을 마련했다. 일본은 경제개발 정책이나 산업구조, 인구구조 등의 면에서 한국과 대단히 유사하다. 일본이 저성장에 돌입하는 과정을 분석해보면 한국의 저성장 유무와 그 타이밍을 짐작할 수 있다.

또한 일본은 오랜 저성장 기간 중에 다양한 대책을 내놓았다. 그중에는 효과가 있었던 정책이 있는가 하면 실패한 정책도 있다. 마찬가지로 일본 기업들 또한 다양한 생존 방법을 모색했지만 성공한 기업이 있는가 하면 실패한 기업도 있었다. 왜 이러한 결과를 낳았는지, 무엇이 문제였는지 등을 철저히 분석해봄으로써 우리 기업의 생존 전략을 모색할 수 있다.

나는 30년 가까이 일본 경제와 일본 기업을 연구해왔다. 일본 경제의 버블이 붕괴될 때도 일본에 있었고, 일본이 저성장기 초입에 있었던 10년 동안 일본에 살면서 연구할 수 있었다.

또한 운 좋게도 이 기간 중에 많은 일본 기업들에 자문하면서 고민을 함께 나눌 수 있었다. 그중 일부 기업은 경영 자문 교수로서 저성장기 대응 전략을 직접 입안하고 자문해보기도 했다.

또한 2002년에 귀국한 뒤 서울대학교에서 '일본 경제 및 산업' '일본 기업 사례 연구' '일본의 상업과 유통' '일본 기업의 마케팅' 등의 과목을 가르치며 일본을 연구했다. 그 사이 삼성전자와 현대자동차,

저성장기에 지도했던 일본 기업들

신일본제철, 동일본여객철도, 일본농협, 미쓰비시 그룹,
도요타자동차, 닛산자동차, 다이하쓰자동차, 요코하마고무,
NEC, 캐논, 후지쯔, 오키전기, 후지필름, 후지제록스,
아사히맥주, 카오, 기분식품, 월드패션,
아사히카세이, 에자이, 나브테스코, 신메화공업,
이토요카도, 저스코, 이세탄, 페리시모,
도쿄디즈니랜드, 바이엘재팬, 아메리칸패밀리 등

SK텔레콤, LG CNS, 아모레퍼시픽, 제일모직, 삼성카드, 애경, 넥센타이어, BGF리테일 등에서 자문 교수를 역임하며 한국 기업들의 대응 전략을 함께 모색했다.

특히 삼성전자는 7년간, 현대자동차는 2년간, SK텔레콤은 4년간 자문을 했다. 이와 함께 포스코, LG, 롯데, 코오롱 등 수많은 한국 기업들에게 저성장과 관련된 강의를 했다. 이 책에서는 이러한 경험 등을 토대로 한국 기업의 생존 전략을 제시하고자 한다.

책의 구성은 다음과 같다. 1부는 현황 분석이다. 1장에서는 저성장에 돌입하는 한국 경제를 분석하고 2장에서는 저성장기의 일본 경제를 짚어본다. 이 두 장을 통해 독자들은 왜 한국 경제가 저성장에 돌입하게 되는지 그 이유를 이해할 수 있을 것이다.

3장과 4장은 저성장기 일본 기업들의 이야기다. 저성장기에 사업 모델이 붕괴되고 여러 가지 문제들로 저성장기 대응에 실패한 일본

기업들의 사례를 분석한다. 이 분석을 통해 한국 기업들이 저성장기에 어떻게 대응해야 하는지 알 수 있을 것이다.

  2부와 3부에서는 한국 기업들의 대응 전략을 제시한다. 우선 2부에서는 시장 전략을 다루었다. 해외시장은 어떻게 개척해야 하는지, 국내 기존 시장은 어떻게 사수해야 하는지, 국내 신시장은 어떻게 창조해야 하는지 하나하나 살펴본다. 또한 3부에서는 조직 전략을 다루었다. 기업이 조직적으로 어떻게 원가절감과 가치혁신을 해야 하는지, 영업력과 민첩성은 어떻게 강화할 수 있는지 그 방법을 찾아봤다. 각각의 장에서는 일본 기업의 사례를 풍부히 들면서 곧 다가올 저성장 시대의 대응책을 구체적으로 제시했다.

1부

일본을 알면
돌파구가 보인다

한 일 경 제 흥 망 사

1부에서는 일본 경제와 한국 경제를 분석해보고, 대한민국이 저성장기에 어떻게 대응해야 하는지 살펴본다. 경제가 아무리 저성장기에 접어들더라도 누군가는 반드시 성장한다. '잃어버린 20년' 동안 일본에서 성공한 사례를 면밀히 연구해 저성장 속에서도 발전할 수 있는 기회를 찾아야 한다. 또한 실패한 사례에서 교훈을 찾아 반면교사로 삼는다면 다가올 본격적 저성장기에 시행착오를 줄일 수 있다.

1장

한국 경제, 저성장이 시작됐다

01
한강의 기적은 끝났다

한국 경제를 되돌아보면 '한강의 기적'이라는 말이 절로 나온다. 은둔의 나라 조선이 일본 식민지로 전락하여 수탈을 당하다가 해방을 맞이했지만 곧 남북 분단 속에서 전쟁에 빠져들었다. 3년(1950년 6월~1953년 7월)에 걸친 전쟁은 전 국토를 초토화시켰고 그 이후에도 국민은 혼란과 가난 속에 고통받아야 했다.

하지만 1960년대 들어 경제개발을 본격적으로 시작한 뒤 급속히 성장하여 오늘날과 같은 풍요를 이룩했다. 정말로 무에서 유를 창조한 과정이었다.[2]

1953년에 13억 달러에 불과했던 한국의 국내총생산(GDP)은 62년 사이에 1115배나 증가하여 2014년에는 1조 4495억 달러가 되었다. 1인당 국민소득도 같은 기간 동안 67달러에서 2만 8739달러로

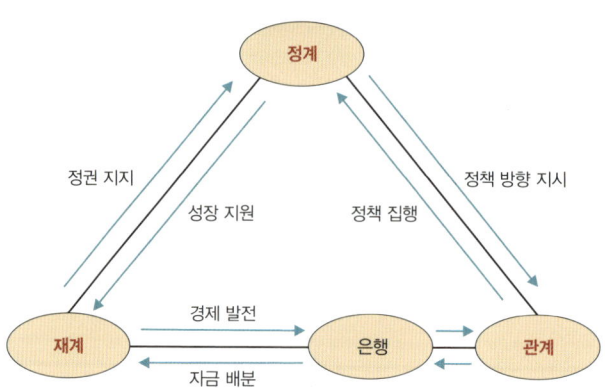

429배나 급증했다.

2011년에는 무역 1조 달러(수출 5150억 달러, 수입 4850억 달러)를, 2012년에는 1인당 국민소득 2만 달러를 달성했다. 인구 5000만 명 이상의 국가 중에 국민소득 2만 달러를 달성한 국가는 6개국(미국, 영국, 독일, 프랑스, 이탈리아, 일본)에 불과하다. 1962년에 경제개발 5개년 계획을 추진한 이후 50여 년 만에 소위 '20-50 클럽'에 한국이 진입한 것이다. 일본조차도 100년 이상 걸린 경제성장을 한국은 50여 년이라는 짧은 시간에 이룩한 것이다.

이것이 가능하게 된 데에는 여러 가지 이유가 있겠지만 그중 하나가 '철의 삼각편대'가 잘 기능했기 때문이었다. 뛰어난 정치가들이 경제 발전의 방향을 선정하면 우수한 관료들이 이를 전략으로 구체화했다. 시장에서는 기업가 정신으로 똘똘 뭉친 경영자들이 근면한 근로자들과 함께 기업을 성장시켜나가면, 관료들은 은행을 통하여 이들에게 귀중한 자금을 배분했다.

이 방식은 사실 일본이 경제 발전을 이룩할 때 사용한 것이었다. 다만 일본이 각 산업별로 많은 기업들이 진출할 수 있게끔 한 데 비하여 한국 정부는 소수의 기업만이 각 산업에 진출할 수 있게끔 했다. 스포츠 분야에서 대표팀을 선발하듯이 기업도 각 산업별로 대표 기업을 선정하여 육성했던 것이다. 이것은 경제 규모가 작고 성장 기반이 약한 한국에게는 어쩔 수 없는 선택이었다. 이처럼 한국은 일본이 추진한 경제 발전 전략을 한국 실정에 맞게끔 수정하면서 급속한 경제 발전을 이룩한 것이다.

하지만 최근 한국의 경제성장률이 급격히 둔화되고 있다. 1963년에서 1991년까지 연평균 9.5%의 고성장을 구가하던 한국 경제가 1992년부터 2011년까지는 연평균 5.1%의 성장률을 보여주더니만 2012년 이후부터는 2%대 성장률밖에 보여주지 못하고 있다.[3]

이렇게 경제성장률이 떨어진 데는 몇 가지 이유가 있다. 그중 하나가 해외 부문의 부진이다.

해외 부문

한국 경제는 해외의존도가 대단히 높다. 국민총소득(GNI)에서 수출입이 차지하는 비율이 2010년에 이미 100%를 능가했다. 일본과 미국의 해외의존도가 35% 내외이니 한국 경제가 얼마나 해외시장에

한국 경제를 뒷받침하는 신흥국 시장이었던 브릭스(브라질, 러시아, 인도, 중국, 남아프리카공화국의 신흥경제 5개국)

의존하고 있는지 잘 알 수 있다.

해외시장을 보면 미국은 2008년 리먼 쇼크의 어려움을 잘 극복하고 조금씩 회복하고 있으나 민간 부문의 회복 여부는 아직 불투명한 상태다. 유럽은 아직도 어려움을 겪고 있고 일본 또한 크게 성장할 가능성은 없다.

문제는 중국을 비롯한 신흥국 시장이다. 한국은 수출의 70% 이상을 신흥국 시장이 차지하고 있다.⁴ 1990년대 이후 그나마 한국 경제를 뒷받침해준 것이 브릭스(BRICS)를 비롯한 신흥국 시장이었다.

하지만 한국의 수출 비중 중에서 신흥국 시장의 비중이 계속 확대되는 것이 반드시 좋은 것만은 아니다. 신흥국 시장의 경우 선진국 시장에 비해 수출의 부가가치가 낮기 때문에 수출로 유발되는 경제적 실익 자체가 그다지 높지 않다. 실제로 한국의 경우 1990년대 중반 이후 교역 조건이 계속 악화되고 있다.

실익 자체가 줄어들더라도 신흥국 수출이 더 많이 늘어난다면 큰 문제는 없다. 하지만 근래 신흥국 시장이 전반적으로 좋지 않다. 중국 경제는 고도 성장의 후유증으로 성장률이 7%대로 떨어졌고, 러시아는 유가 하락 등으로 디폴트(Default, 채무불이행) 위험에 직면했다. 브라질과 인도 또한 경제 위기에서 겨우 탈출한 상황이다. 그밖의 신흥국들도 미국의 금리인상 등으로 글로벌 자금이 빠져나가 어려움을 겪었다.

결국 전반적으로 좋지 않은 해외 수출시장이 한국 경제의 발목을 잡고 있는 것이다.

내수 부문

해외시장이 좋지 않으면 내수시장이라도 좋아야 그나마 다행인데 내수시장 또한 전반적으로 좋지 않다.

내수시장을 구성하는 요소는 크게 가계소비와 기업 투자, 정부 지출이다.

소비 하락

우선 가계소비 부문을 보면 GDP 대비 가계의 소비 지출 비중은 2002년 이후 지속적으로 하락하고 있다. 또한 전체 가계의 평균 소비 성향 역시 60%로 하락했다.[5]

소비 지출 비중과 소비 성향이 모두 하락하는 데에는 몇 가지 이유가 있다. 먼저 높은 가계부채 때문이다. 현재 가계부채는 1000조 원을 넘는다. 산술적으로 국민 1인당 2000만 원 이상 빚을 지고 있는 셈이다.[6] 대부분이 개인들의 주택담보 대출과 자영업자의 사업 자금 대출이다. 현재는 연체율이 그렇게 높지 않지만 부동산 시장이 계속 위축되고 경기가 회복되지 않으면 가계부채가 한국 경제의

주택담보 대출과 자영업자의 사업자금 대출이 한국 가계부채의 대부분을 차지한다.

뇌관이 될 수 있다.

각 가계들이 이렇게 많은 부채를 안고 있다 보니 원금 상환과 이자 납부 등이 소비의 발목을 잡고 있다. 더구나 가계부채가 계속 증가하고 있기 때문에 가계소비는 계속 줄어들 수밖에 없는 상황이다. 실제 가계의 가처분소득 대비 가계부채 비율은 140% 정도로 이 비율 또한 계속 상승하고 있다.

가계소비가 하락하는 또 다른 이유는 고령화에 있다.[7] 인구가 고령화되면 고령층을 중심으로 소비가 위축된다. 수명이 늘어 언제 사망할지 모르는 상황에서 지금 소비하기보다는 어떻게든 저축을 해두려는 경향이 강해지기 마련이다. 더구나 한국의 경우는 고령화가 급속히 진행되다 보니 노후 대비가 대단히 부족한 실정이다. 이 때문에 소비 지출 비중과 소비 성향이 계속해서 하락하고 있는 것이다.

기업 투자 부진

가계소비와 더불어 내수를 구성하는 또 다른 부문이 기업들의 투자다. 하지만 기업들의 투자 또한 오래도록 부진을 면치 못하고 있다.

투자가 부진한 가장 큰 이유는 기업들의 투자 여력이 약해지고 있기 때문이다. 1970년대에 8.4%였던 한국 제조 기업의 영업이익률이 계속 하락하고 있는 실정이다.[8]

한국 기업의 영업이익률이 계속 하락하는 이유는 한국 경제가 고

비용 구조로 되고 있기 때문이다. 인건비는 계속 올라가는 데 비해 노동생산성은 매우 낮다. 한국 근로자의 시간당 노동생산성은 2012년 기준으로 30.4달러로 OECD 회원국 가운데 28위에 불과하다.

이는 근로자 한 사람이 1시간 노동으로 30.4달러 가치의 상품을 만든다는 의미다. 이는 65.1달러인 미국이나 59.2달러인 독일, 40.3달러인 일본에 크게 뒤지는 수치다. OECD 회원국 중에 한국보다 노동생산성이 낮은 나라는 6개국(헝가리, 터키, 폴란드, 에스토니아, 칠레, 멕시코)에 불과하다.

더구나 노동생산성이 개선될 기미가 별로 보이지 않고 있다. 2012년의 경우 한국의 노동생산성은 전년 대비 2.9% 감소해 OECD 회원국 중 이스라엘을 제외하고 가장 큰 폭으로 감소했다.

인건비와 생산성뿐만 아니라 유통비용 또한 과도하다. 한국은 유통이 몇몇 기업에 의해 과점화되어 있어 유통비용이 대단히 높다. 또한 여러 가지 이유로 유통 규제도 점점 많아지고 있다. 이 때문에 한국 기업들의 영업이익률은 계속 감소하고 있고 기업들의 투자 여력 또한 약화되고 있다.

투자 여력이 약화되더라도 미래에 대한 비전이 있으면 기업은 투자를 한다. 지금은 어렵지만 향후 새로운 사업 기회가 생긴다면 투자를 늘릴 수 있기 때문이다. 하지만 미래 전망 또한 불투명하다.

우선 미래 신성장 부문이 보이지 않고 있다. 2000년대까지는 그나마 ICT(정보통신기술)산업이 있어 투자가 이루어졌지만 현재로서

주요 6대 산업군 중 하나인 철강 산업

는 이렇다 할 새로운 산업이 보이질 않는다. 수출 부문만 보더라도 전체 수출 가운데 80% 가까이를 기존에 있던 6대 산업군(철강, 석유화학, 기계, 자동차, 조선, 전자)이 차지하고 있다.

또한 정부의 규제 등으로 국내시장의 매력도는 점점 낮아지는 데다 중국 기업의 추격 등으로 많은 기업들이 국내보다는 해외에 투자하고 있는 실정이다. 그 결과 내수시장을 받쳐줄 기업의 투자 또한 매우 부진한 상태다.

정부 지출의 한계

국내 소비와 투자가 부진하면 정부 지출을 통해서라도 내수를 진작할 수 있다. 하지만 이 또한 한계가 있다.

현재 한국 정부는 부채 문제를 안고 있다. 정부 부채로만 볼 때는 GDP의 40% 수준으로 국제적으로 그다지 높지 않다. 그러나 공기업 부채를 포함할 경우에는 GDP의 50% 수준까지 올라간다. 1989년 버블 붕괴 직전에 일본 정부의 부채가 GDP의 48.9%였던 것을 생각하면 결코 낮은 수치가 아니다.

문제는 향후 정부 부채가 계속 늘어날 가능성이 대단히 높다는 점이다. 저성장으로 세금 수입은 줄어드는데 복지 지출 등 정부의 지출은 계속 늘어날 예정이기 때문이다. 한국은 기존의 선진국들보다 빠른 고령화를 겪고 있다. 65세 이상 인구 비율이 현재의 12%에서 2018년에는 14%로 증가해 고령사회로 진입하게 된다. 따라서 의료비와 노인 연금 등 정부의 복지 지출이 급격하게 늘어날 예정이다.

또한 소득 불균등이 심화되어 빈곤 세대와 한계 계층에 대한 복지 지출 등도 더욱 늘어날 예정이다. 이 때문에 정부가 가계와 기업을 대신해 내수를 진작할 수 있는 여지도 많지 않다.

02 한국 경제의 구조적 문제점

해외시장이 정체되고 내수 부문이 부진하더라도 '철의 삼각편대'로 불리는 경제 발전의 각 주체들이 열심히 노력하면 이 난관을 극복할 수 있다. 하지만 최근 각 주체별로 구조적인 문제점이 나타나고 있다.

우선 기업들은 극단적인 양극화에 빠져 있다. 삼성전자와 현대자동차와 같은 몇몇 재벌기업들은 세계적인 경쟁력을 갖추고 있지만 이런 기업들은 전체 기업 가운데 0.1%도 안 된다. 오히려 종업원 300인 이상의 중견기업과 대기업 수는 계속해서 줄고 있는 실정이다.

그뿐만 아니라 재벌기업 아래에 수많은 중소기업이 존재하고 있다. 하지만 이 중에 우량 중소기업은 별로 없고 종업원 수가 5인 내지 9인 미만인 영세 중소기업만 급속히 늘어나고 있는 실정이다.

한국과 비슷한 경제 발전 전략을 취한 일본은 경제의 허리를 담당하는 중견기업이 많다. 스즈키제작소나 쇼와진공, 오카모토유리와 같은 중견기업들이 일본 경제의 주축을 이룬다. 이 기업들이 대기업들을 떠받치면서 산하에 많은 중소기업들과 거래하고 있다.

이러한 일본의 기업 구조를 항아리형 기업 구조라 한다. 항아리처럼 중간 허리 부분에 위치하는 중견기업이 많고 위와 아래에 있는 대기업과 중소기업이 적은 구조다.

이에 비하면 한국은 호리병형 기업 구조다. 경제의 허리에 해당하는 중견기업은 거의 없고 위의 극소수 대기업과 아래의 수많은

일본 경제의 주축을 이루는 중견기업 스즈키제작소의 시설 모습

중소기업으로 양분된 구조를 가지고 있다.[9]

 한국의 중소기업들은 수적으로는 기업 수 가운데 99%를 차지하고, 고용 면에서는 88% 가까운 근로자가 취업해 있지만 GDP 중에 중소기업의 생산액이 차지하는 비중은 50%도 안 된다.

 반면 극소수의 대기업들은 기업 수에 있어서는 0.1%도 안 되고 고용 면에 있어서도 7% 정도밖에 되지 않는다. 하지만 삼성전자와 현대자동차, LG와 SK만 하더라도 한국 상장사의 시가총액에서 거의 절반 가까이를 차지하고 있다.

 이러한 극단적인 양극화 상태에서는 추가적인 경제성장을 이룩하기가 대단히 어렵다. 극소수 대기업들은 글로벌 경쟁에서 살아남기 위해 중소기업들의 납품 단가를 깎거나 여의치 않으면 해외로 생산 공장을 이전한다. 그 결과 투자와 고용을 해외에서 많이 하고 있는 실정이다.

 반면 수많은 중소기업들은 대단히 영세한 상태이기 때문에 제대로 된 투자와 고용을 창출할 수 없다. 이렇다 보니 국내 고용과 소비는 정체되고, 그 결과 기업의 투자도 정체되는 악순환이 이어지고 있는 것이다.

 기업과 더불어 철의 삼각편대를 구성하는 또 다른 축이 관료다. 하지만 관료들 역시 근본적인 문제점을 가지고 있다.

 국가 경제를 이끌어갈 고급 관료들은 현재에 안주하거나 거대한 이익집단이 되어가고 있다. 오죽하면 관료와 마피아를 합한 단어인

'관피아'라는 말까지 생겨났겠는가? 고급 관료가 되어 구조개혁을 이끌기보다는 적당히 임기를 채운 뒤 산하기관에 낙하산으로 내려가 군림하는 것이 일상화되어 있다. 세월호 사건 때 보았던 '해피아(해양수산부 마피아)'나 대한항공 회항 사건 때 보았던 '항피아(국토부 항공과 마피아)'들이 전형적인 사례다.

일본의 저성장기에서 봤던 것처럼 경제를 다시 활성화시키기 위해서는 근본적인 구조개혁이 필요하다. 일자리 창출을 위한 고용제도 개혁, 인력 공급을 위한 교육제도 개혁, 주거 안정을 위한 부동산 개혁, 고비용 구조를 수정하기 위한 유통제도 개혁, 복지와 연금체제를 바꾸기 위한 복지제도 및 연금제도 개혁, 비효율이 심한 공기업 개혁, 서비스업 경쟁력 강화를 위한 금융 서비스업 개혁, 기업투자를 촉진하기 위한 규제 개혁 등이 필요하다.

하지만 현재 관료들은 이러한 개혁을 적극적으로 추진할 의지가 대단히 부족한 상태다.

마지막 남은 철의 삼각편대가 정치가다. 이 부문은 관료보다 더 심각한 상황이다. 관료들은 그래도 구조개혁을 추진하기 위해 법도 만들고 하지만 이러한 법안들이 국회 내에서 계류 중인 경우가 허다하다.

실제 20대 국회를 보면 법안 처리율이 36%밖에 되지 않는다. 4년간 발의된 법안 2만 4000여 건 가운데 처리된 법안이 8800여 건밖에 되지 않는다. 국회가 법률을 처리하는 공장이라고 한다

철의 삼각편대의 한 축인 관료와 정치가의 개혁이 시급하다.

면, 이런 기업은 이미 여러 번 문을 닫았을 것이다.

20대 국회는 경제 법안 처리도 게을렀다. 한 예로 대한상공회의소가 '20대 마지막 경제입법 과제'로 11개 법안 처리를 부탁했는데 이 중 1건만 처리하고 나머지 10개 법안은 사장시켰다.

그러면서 연봉은 국내 최고 수준이다. 한국고용정보원이 발표한 보고서에 따르면 국회의원의 평균 연봉은 1억 4000만 원으로 국내 직업군 가운데 최고다. 기업 고위 임원보다 많으며 성형외과 의사나 피부과 의사, 도선사보다도 연봉이 많다.

일은 열심히 안 하면서 최고 연봉을 받고 있으니 국민들의 여론이 좋지 않다. 한 여론조사 기관의 조사에 의하면 국회가 잘하고 있다는 응답은 10%에 불과하고, 잘못하고 있다는 평가는 83%를 차지하고 있다. 부정평가가 긍정평가를 압도하고 있는 것이다.

이러니 국회의원 스스로도 "전반기는 식물국회, 후반기는 동물국회로 전락해 정치인의 한 사람으로서 석고대죄하고 싶은 심정이다" "21대 국회의 목표는 싸우지 않고 일하는 국회, 국민으로부터 신뢰받는 국회, 또한 이를 위한 국회개혁이다"라고 말하고 있다.

03 인구 절벽이 온다

경제의 성장 엔진은 꺼져가는데 경제를 다시 활성화시킬 주체인 기업인과 관료, 정치가들은 기능부전에 빠져 있다. 그것도 좀처럼 빠져나올 것 같지 않은 구조적인 문제들을 가지고 있다. 이러한 상황에서 인구 절벽이 도래하고 있다.

미국의 경제전문가 해리 덴트(Harry Dent)는 미국의 노동통계국이 매년 발표하는 소비자 지출조사를 근거로 하나의 법칙을 발견했다. 베이비붐 세대가 46세가 되는 때에 가구 소비지출이 정점을 찍은 뒤 47세 때부터 소비지출이 감소하는 경향을 발견한 것이다. 그는 이것을 토대로 분석한 결과 한국에는 2018년에 인구 절벽이 도래한다고 예측했다.

인구 절벽이란 한 세대의 소비가 정점을 찍고 감소해 다음 세대가 소비의 주역으로 등장할 때까지 경제가 둔화되는 현상을 말한다. 한국에서 출산 인구가 가장 많았던 해가 1971년이었기 때문에 이들이 자녀들을 다 키우고 소비 지출이 정점에 달할 때는 47년 뒤인 2018년이라는 것이다.

이러한 추정은 일본의 사례와도 거의 일치한다. 일본이 저성장기에 돌입하게 된 결정적 이유가 생산가능인구의 감소였다. 일본은 1995년에 15세에서 64세까지의 생산가능인구가 줄기 시작한 뒤 1996년부터 전체 소매 매출액이 줄기 시작하면서 본격적인 저성장기에 돌입했다.

이 추세를 한국에 적용해보면, 학자들에 따라 다르지만 한국의 생산가능인구는 2016년에 3700만 명을 정점으로 급격히 줄어들 것으로 예상된다.[10] 그러면 2017년부터 한국의 소매 매출액이 줄어들면서 한국 경제도 저성장기에 본격적으로 돌입하게 되는 것이다.

해리 덴트의 예측과 1년의 차이가 있지만 매우 유사하다. 이것을 방증이라도 하듯이 일본과 한국의 경제 성장률 변화를 보면 거의 유사한 그래프를 보인다. 이 그래프를 투사해보면 한국은 2020년에서 2030년 사

인구 절벽을 예측한 해리 덴트

이에 제로 성장 시대에 돌입한다.[11]

물론 한국이 인구 절벽을 피하기 위한 방법은 몇 가지 있다.

하나는 출산율을 끌어올리는 방법이다. 현재 1명대에 불과한 한국의 출산율을 2명대로 끌어올리는 것이다. 하지만 이제 유리천장이 조금씩 없어지면서 사회 진출이 늘어나고 있는 여성들이 자녀 출산을 늘린다는 것은 좀처럼 하기 힘든 선택이다.

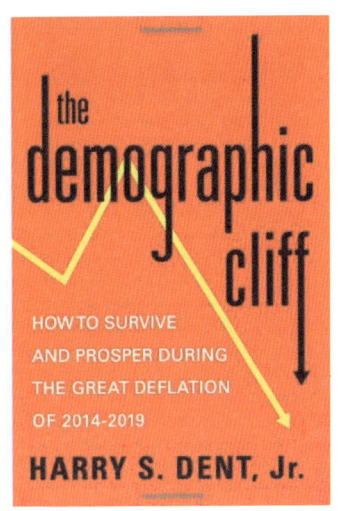

해리 덴트의 『인구 절벽이 온다』 원서 표지

더구나 사회 진출로 경제력이 뒷받침되자 결혼을 회피하는 여성이 늘고 있는 데다 결혼을 하더라도 양육이나 교육 등의 문제로 말미암아 출산을 기피하는 여성마저 늘어나는 실정이다. 이러한 상황에서 출산율을 높이기란 대단히 어렵다.

출산율을 끌어올리지 못한다면 이민을 적극적으로 받아들이는 방법도 있다. 현재도 국제결혼 등을 통해 다문화가정이 꾸준히 늘고는 있다. 하지만 한국 사회 부적응 등 많은 문제들을 내포하고 있는 것도 사실이다.

마지막 남은 방법이 남북통일이다. 통일을 통해 인구 유입을 늘리거나 출산율을 높이는 방법이 있다. 인구 절벽 이전에는 통일이 한국에 부담이었다. 한국의 경제가 튼튼하지 못한 상황에서 통일을 하게 되면 통일 비용이 만만치 않기 때문이다.

하지만 인구 절벽과 그에 따른 저성장을 눈앞에 두고 있는 상황에서 통일은 대단히 절박하다. 이 때문에 '통일 대박'이라는 구호마저 등장하고 있다. 문제는 이러한 대박 상황이 나타나지 않는 한 한국 경제는 점점 더 저성장의 나락에 빠져들 수밖에 없다는 것이다.

04
아직 마지막 기회는 남았다

문제는 현재 한국이 저성장을 감당할 여력이 대단히 부족하다는 점이다. 일본은 저성장의 나락에 빠질 때만 하더라도 세계 2위의 경제대국(GDP 3조 170억 달러)이었고 1인당 국민소득도 3만 달러는 되었다. 각 산업에는 'Japan As No.1(세계 제일의 일본)'으로 불릴 정도로 세계적으로 인정받는 기업들이 즐비했고 가계저축도 세계 최고 수준이었다. 정부 또한 세계 최고 수준의 재정건전성을 자랑하고 있었다. 이러한 튼튼한 기초 체력을 가졌기에 일본은 20여 년간 이어진 저성장에도 잘 버텨낼 수 있었다.

애즈라 보겔이 쓴 『재팬 애즈 넘버원(Japan As No.1)』 원서 표지(1979년)

하지만 한국은 세계 15위의 경제 규모에 불과하고 1인당 국민소득도 이제 2만 달러를 넘어섰다. 기업 구조는 양극화되어 있고 그나마 세계적인 기업은 삼성전자, 현대자동차, SK 등 극소수에 불과하다. 가계는 부채로 허덕이고 있고 정부 부채와 공공기관 부채 또한 점점 문제가 될 것이다.

1960년대에 경제성장을 시작해 50여 년간 앞만 보고 달려와 이제 좀 살만하다고 느끼는 순간, 저성장의 쓰나미가 한국을 덮치고 있다. 가수 김수철 씨의 노래 제목처럼 「못 다 핀 꽃 한 송이」와 같은 상황이다.[12]

하지만 그나마 위안이 되는 것은 현재 한국은 저성장 초입에 있다는 점이다. 본격적인 저성장기까지 조금은 시간이 남아 있다. 생산가능인구의 감소와 더불어 경제 전체의 활력이 떨어지기 시작하

한국 산업 발전에 큰 원동력이 된 서울 부산 간 고속도로 개통(1970년 개통)

지난 50여 년간 크게 발전해온 대한민국. 본격적인 저성장기 전까지 노력한다면 다시 경제를 활성화시킬 수 있다.

는 2018년까지라면 3년 정도 시간이 남아 있고 제로 성장이 예측되는 2020년대 후반까지라면 10여 년의 시간이 남아 있다. 이 기간 중에 잘만 대응하면 경제를 다시 활성화시킬 수도 있다.

더구나 한국은 앞서 저성장을 경험한 일본을 바로 옆에 두고 있다. 일본은 전혀 준비가 없는 상태에서 저성장을 맞이했고 그 속에서 수많은 시행착오를 겪었다. 이것을 타산지석으로 삼아 잘만 벤치마킹한다면 저성장의 위험을 피해갈 수도 있다.

특히 경제가 아무리 저성장기에 접어들더라도 성장하는 기업은 반드시 있기 마련이다. 일본 기업 중에 성공한 기업의 사례를 잘 연구해 저성장 속에서도 발전할 수 있는 기회를 찾아야 한다. 또한 실패한 일본 기업들의 뼈저린 반성 속에서 교훈을 잘 찾아내 반면교사로 삼는다면 한국 기업들은 시행착오를 줄일 수 있다.

다음 장부터는 저성장기 일본 경제의 추이와 그 속에서 일본 기업들이 겪은 시행착오들을 심도 깊게 검토해본다.

2장

왜 일본은 저성장에 빠졌을까?

01
버블 경제가 시작되다

일본 경제의 큰 흐름

저성장기의 일본 경제를 이해하기 위해서는 일본 경제가 어떻게 흘러왔는지 먼저 이해해야 한다.

일본 경제는 1955년부터 1990년까지 35년간 역사상 유례가 없는 고성장기를 구가했다. 특히 1973년 오일 쇼크 전까지는 연평균 10%에 가까운 초고속 성장을 이룩했다.[13]

하지만 1980년대와 1990년에는 4%대 성장으로 하락하더니 1990년 이후에는 제로 성장에 근접하는 수준으로 추락했다. 특히 버블이 붕괴된 1990년 이후부터는 20년 이상 저성장을 경험하는데 이 기간을 두고 '잃어버린 20년'이라고 말하기도 한다.

어떻게 일본은 전후 역사상 유례 없는 고성장기를 구가할 수 있었을까? 그것은 '철의 삼각편대'가 유기적으로 연결되며 잘 움직여주었기 때문이다.

우선 전후 일본에서 경제성장의 주체는 관료였다. 관료는 경제 발전의 청사진을 만들고 각 시기별 발전 방향을 설정한 뒤 다양한 방법으로 특정 산업과 특정 기업들을 지원해주었다. '경사발전전략'이라고 불리는 이 경제 발전 방식은 일본이 빠른 시간에 경제를 일으키는 데 결정적인 역할을 했다. 특히 일본의 관료들은 은행을 통해 특정 산업의 특정 기업들에게 집중적으로 자금을 공급해주었다. 이 자금을 바탕으로 전후 일본 기업들은 급속히 성장할 수 있었다.

물론 일본의 경우에는 태평양전쟁 전에 재벌이 있었고 이들이 당시 첨단무기를 생산하며 일본의 도발을 지원했다. 전쟁 후 재벌은 미국의 군사정부(GHQ)에 의해 해체되었지만 은행을 중심으로 다시 뭉쳐 일본의 경제 발전에 기여했다.

또한 전후 일본에는 소니나 혼다와 같은 새로운 기업들이 탄생해 창업자의 왕성한 기업가 정신을 바탕으로 급격히 성장하기 시작했다.

이 시기는 성실하고 근면한 값싼 노동력이 기업 현장에 풍부하게 공급된 때이기도 하다. 일본의 베이비붐 세대라고 할 수 있는 단카이 세대(1947~1949년생)의 680만 명이 이 시기 노동시장에 유입되었다. 이들이 20대로 한창 일할 나이였던 1970년대에 일본은 고도성장을 구가했다.

나고야 항구. 나고야는 전후 특수경기에 힘입어 철강, 화학 등 중공업이 발달했다.

    이 기간 중 일본의 경제성장을 이끈 또 다른 주역이 일본의 정치가들이었다. 이들은 1955년에 자유민주당(자민당) 정권을 탄생시켜 오랫동안 1당 지배 체제를 유지했다. 이로 인해 정치는 안정되고 기업에 우호적인 법률 등이 만들어져 기업하기 좋은 환경이 조성되었다.

    또한 전후 일본의 정치가들은 관료와 함께 근로자와 중소기업, 농업과 같이 경쟁력이 떨어지는 부문을 잘 보호하면서 경제 기반 자체를 튼튼히 했다. 물론 이것이 자민당을 지지하는 표로도 연결되었지만 경사발전전략으로 양극화되기 쉬운 일본 경제를 골고루

성장시키는 역할을 했다.

한편 일본이 철의 삼각편대를 기반으로 경제성장을 이룩해나가는 데 보호막 역할을 한 것이 바로 미국이었다. 미국은 제2차 세계대전 종료 후 일본을 무장해제한 뒤 일반적인 농업 국가로 탈바꿈시킬 계획이었다. 하지만 한반도에서 6.25전쟁이 일어나자 전략을 수정해 일본을 아시아의 교두보로 삼았다. 특히 6.25전쟁 중에 일본을 급속히 공업화시켜서 군수물자를 보급하는 기지로 활용했으며, 전쟁 후에는 냉전 속에서 소련과 중국을 막는 핵심 방어막으로 활용했다.

일본의 정치가들은 이 시기를 놓치지 않았다. 친미주의를 표방하며 미일 안보조약 등을 적극적으로 받아들였고, 일부 정치가들은 전쟁 중의 적대적인 미국관을 버리고 잽싸게 친미주의로 전향했다.

미국과 일본의 이러한 변화는 전후 일본이 경제성장을 이룩할 수 있는 중요한 토대가 되었다. 특히 미국은 자국 시장을 일본 기업에 개방해주면서 일본 기업들이 미국시장에 적극적으로 진출할 수 있는 길을 열어주었다.

미국과 같은 거대한 선진시장을 확보한 일본은 그 후 급격히 성장할 수 있었다. 그 결과 전 세계 경제에서 일본이 차지하는 비중 또한 1960년의 3%에서 1970년에는 6%, 1980년에는 9%, 1990년에는 14%로 확대되었다.

버블 경제의 발생

민주주의 진영의 파수꾼으로 40년 가까이 일본에 관용적이었던 미국도 1980년대에 들어서자 경제적으로 어려움을 겪기 시작했다.

소련과의 이데올로기 대결로 많은 국방비를 부담한 데다 레이건 정부 시절에는 대규모 감세 정책으로 재정 적자가 커졌다. 더구나 국내 소비자들의 과잉소비와 제조업의 몰락 등으로 경상수지 적자도 확대되기 시작했다. 소위 재정 적자와 경상수지 적자가 동시에 발생하는 쌍둥이 적자(Twin Deficit)로 어려움을 겪기 시작한 것이다.

특히 미국 제조업이 몰락한 데는 일본 기업들의 공세가 큰 원인이었다. 1970년대에 2차례에 걸친 오일쇼크로 에너지 과소비 형태의 미국 제조업들이 점차 경쟁력을 잃고, 경박단소(輕薄短小: 가볍고, 얇고, 짧고, 작은 제품을 의미)를 무기로 하는 일본의 제조기업들이 그 자리를 대신하기 시작했다. 그 결과 미국의 무역수지 적자 중 절반 가까이가 일본과의 교역에서 발생하기까지 했다.

참다못한 미국은 1980년대 들어 일본 정부에 수출 자제를 요구함과 동시에 일본이 내수시장을 미국에 보다 개방함으로써 미국 제품이 일본시장에서 더 많이 팔릴 수 있는 여건을 마련해주기를 요구하기 시작했다.

하지만 이러한 노력들이 일본 정부에 제대로 먹히지 않자 미국은 1985년 9월에 플라자 합의(Plaza Accord)를 이끌어낸다. 플라자 합의에서는 무역 불균형을 해소하기 위해 일본과 독일에 수출 자제를 요구했는데, 그 결과 일본의 엔화 환율이 1달러당 250엔에서 140엔으로 급락했다.

갑작스러운 엔화 절상에 일본 경제는 급속히 불황에 빠져들었고 이를 탈피하기 위해 일본은행은 잇달아 금리인하를 단행했다. 또한 일본 정부는 엔화 절상으로 수출이 막힐 것이라고 보고 내수 진작을 위해 포괄적인 경기부양책을 실시했다. 특히 미국이 1987년 2월에 미국을 제외한 선진국들의 내수 경기 부양을 결의한 루브르 합의(Louvre Accord)마저 이끌어내자 일본 정부는 내수 경기부양책을 더욱 적극적으로 실시했다.

하지만 일본의 수출기업들은 뼈를 깎는 합리화 노력 등을 통해 엔화 절상의 충격도 흡수하기 시작했다. 그 결과 일본 국내에는 일본 정부가 내수 진작을 위해 풀어놓은 돈과 수출 기업이 계속적으로 벌어들이는 돈이 함께 몰리면서 주식과 부동산 가격이 폭등했다. 소위 버블이 발생하기 시작한 것이다.

버블 전후의 주식과 부동산의 가격 변화를 보면 1985년 전후를 시작으로 5배(492%)나 급상승했다.[14] 또한 부동산 가격도 4배 가까이(355%) 상승했다. 특히 1983년 도심부터 오르기 시작한 부동산 가격은 교외와 지방으로 전파되면서 1991년까지 9년간이나 상승했다.

사실 부동산 가격은 버블이 발생하기 10년 전부터 꿈틀대기 시작했다. 당시 다나카 수상(재임기간 1972~1974년)은 1차 오일 쇼크 이후 마이너스 성장을 탈피하기 위해 일본 열도 개조론을 주장했다. 이 주

1970년대와 1980년대에 일본 경제를 이끈 다나카 수상(좌)과 나카소네 수상(우)

장은 부동산 가격을 상승시켜 경기를 활성화시킴과 동시에 일본을 균형 있게 발전시켜 선진국형 국가로 개조하기 위함이었다. 이를 계기로 전국적인 부동산 개발 붐이 일어났는데 이를 더욱 확대시킨 것이 버블 발생 당시의 나카소네 수상(재임기간 1982~1987년)이다.

나카소네 수상은 부동산 규제를 풀어 부동산 용적률을 완화하고 부동산 용도 변경을 수월하게 해주었다. 또한 도시 재개발 촉진을 위해 국공유지를 불하했으며 도쿄 횡단도로와 관서 국제공항 건설 등 대규모 프로젝트를 실시했다. 그 결과 시중에 넘쳐나는 돈이 부동산에 몰리기 시작한 것이다.

또한 버블 발생기에 개인들의 주식 투자도 활성화되었다. 고도경제성장 덕에 일본 가계들은 '1억 총 중류사회(국민 1억 명이 중산층인 사회)'라고 일컬어질 정도로 여유를 갖게 되었다. 고용 안정(연공서열과 장기고용) 속에서 높은 저축 금액(평균 저축률 10%대)을 보유하고 있었기 때문에 이 돈의 일부가 주식시장에 흘러 들어가기 시작한 것이다.

특히 이 시기를 전후해 실시된 금융자유화는 주식투자를 더욱 활성화시켰다. 다양한 금융기관이 탄생했고 이들이 다양한 금융상품을 개발했다. 또한 외국계 금융기관의 일본 진출도 시작되어 금융시장은 더욱 활성화되었다.

이를 전략적으로 활용한 것은 개인보다는 기업들이었다. 대기업들은 금융자유화를 배경으로 그때까지 자금 조달의 주요 창구로 활용해온 은행을 버리고 증권시장이나 해외에서 자금을 조달했다.

그 결과 대출 대상을 잃어버린 은행들이 그때까지 대출 대상이 아니었던 중소기업과 부동산업, 서비스업 등에 자금을 적극적으로 빌려주기 시작했다. 이 자금들이 주식과 부동산시장으로 흘러 들어갔고 또한 주식으로 번 돈이 부동산시장으로, 부동산시장에서 번 돈이 주식시장으로 흘러 들어가며 자산가격의 버블을 만들었다.

한창 자산가격이 상승하던 1987년에는 주식과 부동산 상승폭(496조 엔)이 1년 동안 일본 전체 GDP(340조 엔)를 상회하는 현상까지 발생했다. 일본 국민들이 한 해 동안 열심히 일해서 만든 부가가치보다 주식과 부동산 가격 상승액이 더 많았던 것이다.

02 붕괴하는 버블, 일본의 3가지 실수

자산가격의 이상 급등은 오래가지 못했다. 1989년이 되자 이상 급등에 대한 경계심이 중앙은행과 일본 정부에 나타나기 시작했다.

우선 일본은행이 1989년 5월부터 2차례에 걸쳐 금리인상을 단행했다. 그것도 통상 0.25%씩 소폭 인상하는 관례를 깨고 일거에 0.75%씩 인상했다. 일본은행의 조치에 주식가격이 먼저 반응하기 시작했다. 1989년 12월 29일에 사상 최고치인 3만 8915포인트를 기록한 뒤 1990년 1월 4일 개장일에는 203포인트 폭락했다. 그 뒤 1992년 8월 18일까지 2년간 무려 63%나 하락했다.

또한 일본 정부도 부동산 가격 안정화 조치를 취했다. 국토청을 중심으로 1989년부터 지가 안정화 정책을 실시했으나 별로 효과가 없자 1990년 3월에는 총리실 주도로 부동산 대출 총량 규제라는 메가

버블이 발생하고 붕괴한 데는 일본은행의 실수가 컸다.

톤급 규제를 실시했다. 그 결과 부동산 가격이 2005년까지 15년 동안 한 해도 예외 없이 계속 추락했다. 소위 버블이 붕괴된 것이다.

버블 붕괴를 전후해서 일본 정부는 3가지 큰 실수를 저질렀다.

플라자 합의를 전후해서 국내 경기를 살리기 위해 너무 과도하게 자금을 풀어 버블을 발생시킨 것이 첫 번째 잘못이라면, 주식과 부동산이 과열될 때 개입할 타이밍을 놓치고 과열 상태를 방치한 것이 두 번째 잘못이었다.

세 번째 잘못은 과열된 버블을 진정시킬 때에도 버블을 서서히 식혀가면서 경제를 안착시켰어야 하는데 갑자기, 그것도 너무 강력하게 긴축을 단행하는 바람에 버블이 터지면서 경제가 급속히 냉각되어버렸다. 소위 일본 경제를 연착륙(Soft Landing)시키지 못하고 경착륙(Hard Landing)시킨 것이다.

그러나 일본 정부의 실수는 여기에서 끝나지 않았다. 일본 정부는 부실채권을 처리할 시기도 놓쳐 일본 경제는 급기야 잃어버린 20년의 수렁에 빠져들고 만 것이다.

03
누가 위기로 몰고 갔는가?

버블이 붕괴되자 주식과 부동산 가격이 폭락하고 여기에 투자한 기업과 개인들이 파산하기 시작했다. 이 피해는 경제의 중추 역할을 하는 금융기관으로까지 확산되어 금융기관들의 부실채권 문제로 이어졌다.

하지만 일본 정부는 문제의 심각성을 제대로 인식하지 못했다. 금융기관들이 버블기에 대규모 주식평가 차익을 보유하고 있었기 때문에 주식을 처분함으로써 부실의 상당 부분을 만회할 수 있을 것으로 판단했다.

그러나 금융기관들의 부실채권은 눈덩이처럼 불어나기 시작했다. 1994년 4월에 금융당국의 발표에 따르면 부실채권의 규모가 7조 엔이었으나 10월 달 발표에서는 13조 엔으로 2배 가까이 늘어났고, 이듬해 6월에는 40조 엔 규모로 확대되었다.

우왕좌왕하는 금융당국을 향한 국민적 불신은 더욱 커졌고 금융기관에 공적 자금을 투입하는 것에 대한 국민적 저항감도 더욱 확대되었다. 그 결과 금융기관들의 부실은 눈덩이처럼 커져갔다.

하지만 문제는 실물경제였다. 금융기관이 부실화되면서 자금 흐름이 경색되었고 그 영향은 실물경제에 증폭되어 나타났다. 소위 복합불황이 발생해 금융기관 부실과 실물경제 부실이 복합적으로 나타나기 시작한 것이다.

실물경제를 살리기 위해 일본 정부는 1992년부터 여러 차례에 걸쳐 경기부양책을 실시했다. 하지만 2008년 금융위기 때, 미국 정부가 보여준 과감하고 단호한 경기부양책이 아니라 10조 엔 전후의 재정자금을 찔끔찔끔 투입하고, 그것도 임기응변적으로 대응하는 우를 범했다. 경기가 회복되면 다시 주가와 부동산 가격이 회복되리라 안이하게 판단했기 때문이다. 그 결과 계속된 경기부양책으로 재정건전성만 해치는 결과를 낳았다.

1990년대까지만 해도 일본은 초일류 재정 건전 국가였다. 하지만 버블이 붕괴된 이후 경기가 후퇴하면서 세입이 계속 줄어들었지만 정부의 재정지출은 확대일로를 거듭했다.[15] 그 결과 일본은 10여 년 만에 세계 최악의 재정 불건전 국가로 전락하게

경제 상황을 판단 착오했던 하시모토 총리

야마이치증권 파산 당시 직원들의 재취업을 눈물로 호소했던 노자와 쇼헤이 사장

된다.

이러한 상황에서 일본 정부는 또다시 오판을 하고 만다. 찔끔찔끔이나마 계속해서 재정을 투입하자 1995년 후반기부터 일시적으로 경기가 회복되어 1996년에는 2.6%의 경제성장률을 달성했다. 이것을 구조적인 경기회복으로 오판한 하시모토 총리(재임기간 1996~1998년)는 재정건전화에 주력해 1997년 4월에 소비세(우리나라의 부가가치세에 해당)를 3%에서 5%로 인상했다. 그러나 이 조치로 인해 조금 살아나던 경기마저 다시 냉각되었고 설상가상으로 1997년 하반기에는 동아시아 외환위기(우리나라의 IMF 경제위기)까지 겹치면서 산요증권과 야마이치증권, 홋카이도 다큐쇼쿠은행 등이 잇달아 파산하게 된다.

이에 놀란 일본 정부는 긴급 금융안정화 조치를 시행했다. 은행에 공적 자금을 투입하고 금융기관을 통폐합함으로써 거대 은행(Mega Bank)이 만들어졌다. 특히 1999년 4월에 정리회수기구를 설립해 금융기관의 부실채권 처리를 본격화했다.

1998년 7월에 출범한 오부치 내각(재임기간 1998~2000년)은 42조 엔에 달하는 대규모 경기부양책을 시행했다. 연평균 10조 엔 정도로 찔끔찔끔 경기 대책을 해오다 대규모 경기부양책으로 전환한 것이다.

하지만 이 돈의 상당 부분은 엉뚱한 곳에 흘러 들어갔다. 경기부양책의 40% 이상이 공공사업 투자에 흘러 들어간 것이다. 일부는 지역구 도로 건설이나 마을회관 건설에 투입되었고 일부는 지역 미술관과 같은 전시성 사업에 투입되었다.

이러한 결과는 건설업체 수의 변화에도 그대로 나타났다. 버블이 붕괴되면 건설업도 불황에 빠져서 그 수가 줄어들어야 하나, 경기 부양 자금이 토목 사업으로 흘러 들어가자 건설업체 수는 1990년 50만 개에서 2000년에는 60만 개로 10만 개나 증가하는 아이러니한 현상이 벌어졌다. 포퓰리즘의 전형을 보여준 현상이었다.

여기에는 일본 관료들의 이기주의도

대규모 경기부양책을 펼친 오부치 게이조 총리

한몫했다. 관료들은 공기업과 특수 법인들을 만들어놓고 경기 부양용 예산 집행에 이들 기관들을 끌어들였다. 이들 기관들은 고급 관료들이 낙하산으로 내려가 정부를 대상으로 로비를 하는 집단으로 전락해 있었다. 정치가들과 함께 버블 발생과 붕괴의 주범으로 내몰린 관료들이 스스로 개혁하겠다고 하면서 뒤로는 자기 집단의 이익을 챙기는 일면을 보여주었던 것이다.

결국 전후 일본의 고도 경제성장을 주도한 철의 삼각편대가 구조적인 문제를 나타내기 시작한 것이다. 기업들은 본업을 망각하고 주식과 부동산 투기에 열을 올렸고, 관료들은 경제 운영을 엉망으로 하면서 자기 집단의 이익 챙기기에 급급했다. 또한 관료를 감시하고 국정을 이끌어갈 정치가들도 경기 부양을 빌미로 자기 지역구의 토건 사업에 몰두했다.

04
통제력을 잃은 섬나라 경제

이 와중에 1995년 쇼크가 발생했다. 전후 지속적으로 증가하던 일본의 생산가능인구가 1995년에 8717만 명을 정점으로 점차 감소하기 시작한 것이다.

생산가능인구란 15세에서 64세까지의 인구를 말한다. 이 인구는 말 그대로 생산활동에 참여해 일국의 경제성장을 견인하는 인구계층을 말한다. 이 인구는 생산활동만 하는 것이 아니라 소비도 가장 왕성히 하는 계층이다. 이 때문에 이 인구가 감소한다는 것은 일본의 생산활동과 소비활동이 함께 줄어드는 것을 의미한다. 실제 1995년에 생산가능인구가 줄기 시작함으로써 일본 경제의 생산성은 정체되었고 일본 국내의 전 소매 매출액도 1996년부터 전후 처음으로 감소하기 시작했다.

당시 일본은 생산가능인구의 감소가 경제에 어떠한 영향을 미치는지 잘 알지 못했다. 하지만 나중에 돌이켜보니 이 인구가 감소하면 경제에 커다란 부정적인 영향(Damage)을 준다는 것을 알았다. 이 때문에 일본 정부는 출산장려 정책도 쓰고 이민 정책도 추진했지만 별로 성과를 거두지는 못했다.

이에 고이즈미 총리(재임기간 2001~2006년)는 국민적인 인기를 기반으로 구조개혁에 착수했다. 임기응변식 경기부양책만으로는 경제를 활성화하는 데 한계가 있다는 것을 깨달았던 것이다. 고이즈미 총리는 '개혁 없이 성장 없다'라는 슬로건을 내걸고 구조개혁에 착수했다. 정치적 포퓰리즘의 상징이었던 공공사업 예산을 삭감하고 우정 민영화와 특수 법인 개혁을 추진했으며, 경제 회복의 발목을 잡았던 각종 규제도 철폐했다.

마침 세계 경제가 회복되면서 수출이 살아나자 일본의 경기도 다시 기지개를 켜기 시작했다. 그 결과 일본은 2002년 2월부터 2007년 12월까지 6년에 걸친 최장기 호경기를 맞이했다.[16] 하지만 생산가능인구가 감소하는 상황에서 맞이한 호경기는 대부분의 사람들이 느끼지 못할 정도의 미지근한 상태로 끝나버렸다.

이러다가 일본은 2008년의 글로벌 금융위기를 맞는다. 글로벌 금융위기는 미국을 진앙지로 했기 때문에 일본을 비켜가는 측면이 있었다. 더구나 일본은 오랜 기간 저성장에 허덕이고 있던 상태라 미국의 파생상품에 투자할 여력도 별로 없었다.

하지만 아이러니하게도 이 때문에 일본 경제는 직격탄을 맞는다.

미국의 금융위기가 유럽의 재정위기로 확산되자 전 세계의 많은 자금들이 상대적으로 안전한 일본으로 몰렸던 것이다. 그 결과 오랫동안 약세에 있던 엔화가 갑자기 강세로 돌아섰고, 무방비로 환율 직격탄을 맞은 일본 기업들은 휘청거리기 시작했다. 일본의 대표적인 기업인 도요타자동차는 환율만으로 12조 원에 달하는 영업이익을 날리고 만다.

이 기간에 일본 기업을 괴롭힌 것은 환율만이 아니었다. 눈덩이처럼 불어난 재정 적자 때문에 기업에 대한 법인세가 40% 가까이 치솟았다. 한국 기업의 평균 법인세율이 20%인 것을 감안하면 40%의 높은 법인세는 일본 기업들을 옥죄기에 충분했다. 이 밖에도 갖가지 환경 규제와 노동 규제, 외국과의 FTA 체결 지연 등이 일

2008년 글로벌 금융위기 여파로 전후 첫 영업적자를 기록한 도요타자동차

본 기업들을 어렵게 했다.

이 와중에 2011년에는 일본 동북부에 대지진이 발생했다. 대지진으로 방사능 누출 사고가 발생하자 일본에 있는 모든 원자력 발전소가 가동을 중지함으로써 일본 기업들은 전력난으로 공장 가동을 단계적으로 중지해야 하는 사태까지 발생했다. 당시 일본 기업들은 환율 강세, 높은 법인세, 환경 규제, 노동 규제, FTA 체결 지연, 전력 부족 문제들을 '6가지 무거운 고통(6중고)'으로 표현하며 정부에 어려움을 호소했다.

하지만 당시의 집권 여당이었던 민주당(2009~2012년)은 국정을 운영해본 경험이 전무한 데다가 내부적인 노선 싸움으로 정치적 리더십을 제대로 발휘하지 못했다. 자민당의 거듭된 실정으로 반사이익을 얻어 전후 처음으로 정권교체를 이룩한 민주당은 경제 운영에 있어서는 대기업을 적대시하는 면까지 있어서 기업들이 6중고를 호소하는데도 불구하고 제대로 된 조치를 취하지 못했다.

2008년 글로벌 금융위기 때부터 민주당 정권이 몰락하기까지 5년은 일본 기업들에게 있어서 가장 고통스러운 기간이었다. 파나소닉과 소니, 샤프와 같이 일본의 전자산업을 떠받치고 있던 기업들이 대규모 손실을 기록하며 '전자왕국 붕괴'와 같은 말들이 나오기 시작한 것이 바로 이 기간이었다. 또한 일본의 간판기업인 도요타자동차조차 전후 처음으로 영업 적자를 기록한 기간이기도 하다.

사실 도요타자동차와 파나소닉 같은 일본의 간판기업들은 1990년대 버블 붕괴 뒤에도 큰 어려움은 없었다. 국내적으로는 저성장

전자산업 강자 파나소닉도 2008년 대규모 손실을 기록했다.

의 어려움이 있었지만 해외시장에서 선전했고 또한 일본의 고도 경제성장기에 축적해둔 잉여자본을 활용하면서 잘 버텨왔었다.

하지만 2008년 글로벌 금융위기 이후 닥친 6중고는 기초 체력이 약화된 일본 기업들에게 커다란 고통이었다. 일본의 간판 대기업들이 어려움을 호소할 정도였으니 중견기업이나 중소기업, 서민들의 어려움은 이루 말할 수 없는 정도였다. 그 결과 '못 살겠다, 갈아보자'라는 일반 대중의 바람에 응답하면서 정권을 탈환한 사람이 바로 아베 총리(재임기간 2012~현재)다.

05 추락하는 화살에 매달린 일본

아베 총리는 2012년 12월에 취임하자마자 저성장과 디플레이션을 탈출하기 위한 강력한 경제정책인 아베노믹스(Abenomics)를 실시했다. 사실 아베 총리는 경제 정책보다는 안보 정책과 교육 정책을 더 우선시하는 정치가였다. 기존의 평화헌법을 개정해 군대를 보유하는 '보통 국가'로 일본을 만들고 이를 실현하는 기반으로써 우경화 교육을 추진하는 것이 정치가로서의 꿈이었다. 하지만 민주당 정권이 악화시켜놓은 경제를 부흥시키는 것이 급선무였기 때문에 아베노믹스를 추진했던 것이다.

아베노믹스는 '3가지 화살'로 비유되는 3가지 경제 정책으로 구성되었다. 첫 번째가 바로 양적 완화 정책이다. 저성장기에 오랫동안 계속되어온 디플레이션을 탈피하기 위해 목표 소비자 물가 상승률을 2%로 정한 뒤 이를 달성하려고 무제한적인 양적 완화를 실시하는 정책이었다.

이를 위해 일본은행 총재까지 새롭게 임명한 뒤 2년간 시중의 자금 공급량을 2배로 늘리는 정책을 실시했다. 또한 2014년 10월에 미국의 양적 완화가 종료되어 그 영향으로 일본 경제가 타격을 받자 일본은행의 국채 매입량을 50조 엔에서 80조 엔으로 늘리는 제2차 양적 완화 조치도 취했다.

아베노믹스의 두 번째 경제 정책은 확장적인 재정 정책이었다. 역대 두 번째로 큰 13조 엔의 추경 예산을 편성하고, 2013년도 예산에서는 공공사업비를 15% 인상하는 재정 정책을 시행한 것이다.

마지막 세 번째 경제 정책이 성장 정책이었다. 향후 10년간 평균 경제성장률 3%를 달성하기 위해 민간 산업을 적극적으로 진흥하고

3가지 화살에 비유되는 아베 총리의 경제 정책 아베노믹스

인구 감소는 일본 경제에 심각한 영향을 끼칠 것이다.

전략 시장을 창조하며 인프라 수출과 해외 투자를 적극적으로 진흥하는 국가 성장 전략을 추진했다.

아베 총리가 펼친 경제 정책 덕분에 주가는 2배 가까이 급등했고 엔화 환율도 상승(엔화 가치는 하락)해 수출 기업들의 실적이 좋아졌다. 내수경기 또한 활성화되고 실업률도 하락했다.

하지만 이러한 아베 총리의 과감한 경제 정책에도 불구하고 일본 경제가 다시 활성화되기에는 한계가 있다. 치명적인 아킬레스건 중 하나가 재정 적자 문제다. 이미 일본은 무분별한 재정지출로 세계에서 가장 재정이 불건전한 국가가 되었다. 더구나 아베 정권의 무제한 양적 완화 정책으로 재정 적자는 GDP의 2.5배까지 늘어난 상태다.

물론 정부채무의 대부분을 일본 국민이 보유하고 있기 때문에 채무불이행의 문제는 거의 없다. 그렇다고 계속 확대되는 재정 적자 문제를 그냥 방치해둘 수는 없다. 이 때문에 아베 정권은 2014년 4월에 소비세를 5%에서 8%로 인상했지만 이로 인해 경기가 다시 하강하자 부랴부랴 2015년에 예정되어 있던 소비세 2% 추가 인상 시기를 2017년으로 연기하는 조치를 단행했다.

재정보다 일본 경제의 발목을 잡고 있는 더 큰 문제는 인구다. 1995년에 이미 생산가능인구가 줄어들어 경제가 활력을 잃기 시작하더니 2010년부터는 전체 인구마저 줄고 있는 실정이다. 아베 총리가 이민 정책까지 내세우며 인구 문제를 해결하려고 노력했지만 그의 우경화 정책으로 말미암아 재일동포를 비롯한 외국인에 대한 배타적인 국민 의식은 날로 강화되었다.

그 결과 일본은 향후 인구 감소와 함께 서서히 쇠락해가는 국가가 될 것이다.

3장

일본 기업,
성공신화는
끝났다

01
어떻게 일본 기업은 고성장을 했던 것일까?

저성장기의 일본 기업을 이해하기 위해서는 고도 경제성장기의 일본 기업을 먼저 알아야 한다.

　우선 경제성장기의 일본 기업들은 현장을 대단히 중요시했다. 내가 겪었던 재미난 사례가 있다. 오래 전에 서울대학교에서 도요타 자동차 최고경영자 초청 강연회를 개최했다. 당시 강연 제목이 '도요타 웨이 엣 겐바(Toyota Way at Genba)'였는데, '겐바'란 '현장'의 일본어 발음으로써 강연 제목을 우리말로 옮기자면 '현장에서의 도요타 방식'이라는 의미다. 주최 측에서는 우리나라 학생들에게 일본어인 '겐바'가 낯서니 강연 제목을 '도요타 웨이'로 줄이는 것이 어떠냐고 제안했지만 도요타 쪽에서는 반드시 '겐바'를 넣어야 한다고 주장해 결국 원안대로 강연회를 개최했다. 이 조그마한 에피소드에서 볼 수 있듯이 일본 기업에게 현장은 대단히 중요하다.

일본 기업에게 중요한 현장이 두 군데 있다. 하나가 '생산현장'이고 또 하나가 '영업현장'이다. 생산현장은 물건을 만드는 곳이지만 작업자의 혼이 담긴 곳이기도 하다. 이 때문에 일본어에서 생산은 한자로 '生産'이라 표기하지 않고 '모노즈쿠리(ものづくり)'라고도 한다. 그냥 '생산'이라고 하면 혼이 담겨 있지 않은 듯하기 때문에 굳이 '모노즈쿠리'라는 일본어로 표현하는 것이다. 그 정도로 장인정신을 발휘해 완벽한 제품을 만드는 현장을 생산현장이라고 말한다.

전후 이 생산현장의 기본적인 사명을 확립한 사람이 파나소닉을 창업한 마쓰시타 고노스케다. 일본에서 경영의 신으로 추앙받은 마쓰시타는 기업인의 사명은 생산에 있다고 주장했다. 그는 전후 각 가정마다 수도관이 연결된 덕분에 모든 가정들이 편리하게 수돗물을 이용할 수 있었던 사례를 예로 들면서 소비자들이 필요로 하는 좋은 물건을 값싸게 생산해 공급하는 것이 기업인의 기본 사명이라고 정의했다. 일본의 기업가들은 소위 '수돗물 철학'이라고 일컬어지기도 하는 이 사명을 실현하기 위해 노력했다.

경영의 신으로 추앙받는 파나소닉 창업자 마쓰시타 고노스케

파나소닉의 제품만을 취급하는 계열 점포

    문제는 수돗물처럼 계속해서 쏟아져 나오는 제품을 어떻게 판매하느냐에 있다. 이를 위해 일본 기업들이 고안해낸 방법이 유통의 계열화다. 유통의 계열화란 유통을 담당하는 도매기업이나 소매기업들을 끌어들여 자신들의 제품만을 우월적으로 판매하도록 만든 시스템을 말한다. 마쓰시타 전기점이 마쓰시타 제품만을 판매하고 도요타 딜러들이 도요타 자동차만을 판매하듯이 특정 기업의 제품만을 우선적으로 취급하는 유통망을 말한다.

이러한 계열화는 전기나 자동차뿐만 아니라 세제, 화장품, 카메라, 피아노, 신문, 의약품 등 일본 산업 곳곳에서 만들어졌다. 마치 계속해서 생산되는 수돗물을 각 가정이 자유롭게 사용하기 위해서는 수도관이 깔려 있어야 하듯이 생산공장과 각 가정을 연결하는 유통 부문에 유통계열화가 만들어진 것이다.

이때 유통을 계열화하고 계열화된 유통을 통해서 제품을 판매하는 것이 일본 기업의 영업이다. 생산과 더불어 중요한 또 하나의 현장이 바로 이 영업현장이다. 생산이 '모노즈쿠리'라는 일본어로 표현되듯, 영업도 일본어 발음인 '에이교'로 표현할 정도로 일본 기업에 있어서 대단히 중요하다.

영업은 기본적으로 생산현장과 소비시장을 연결하는 기능을 한다. 즉 영업은 생산현장에서 만들어진 제품을 유통을 통해 소비시장에 판매하는 역할(세일즈)을 하며 동시에 소비시장의 흐름을 읽고 이를 생산현장에 전달하는 역할(마케팅)을 한다. 이처럼 일본 기업의 영업은 미국 기업의 판매 활동과 마케팅 활동을 함께 수행하는 역할을 하기 때문에 영어로 '세일즈 앤드 마케팅(Sales & Marketing)'이라 표기하기도 한다.

하지만 일본 기업의 영업은 미국 기업의 '판매 활동과 마케팅 활동' 이상의 역할을 수행한다. 유통망의 계열화 작업을 수행할 뿐만 아니라 경우에 따라서는 직접 고객을 상대로 제품을 판매하기도 한다. 한 걸음 더 나아가서 제품의 판매만이 아니라 고객들을 조직화해 고객마저도 계열화하는 활동을 하기도 한다.

일본 기업의 사업모델

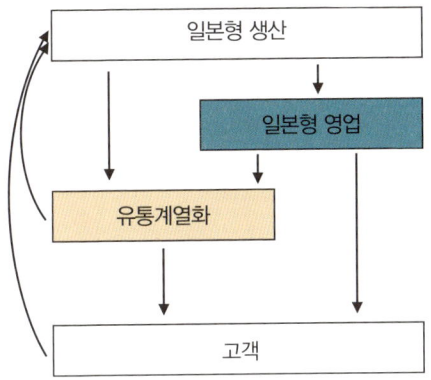

또한 시장 동향을 파악해 전사적인 경영 전략을 수립하기도 하고 신제품의 특성을 결정해 연구개발 부문에 신제품의 개발 방향을 지시하기도 한다. 이 때문에 일본 기업의 영업 책임자는 사장 후보 1순위로 평가되기도 한다. 과거 소니가 생산현장 출신자와 영업현장 출신자를 교대로 사장 자리에 앉혔듯이 영업은 일본 기업의 최고 권력기관 중 하나이기도 하다.

일본 기업들은 유통을 계열화한 뒤 계속해서 좋은 물건을 생산하고 그것을 다시 영업을 통해 판매해나가는 독특한 사업모델을 가지고 있다.[17] 이것은 계열화와 같이 유통망 지배를 근간으로 하기 때문에 유통의존형 사업모델이라고 불리기도 한다.

이 사업모델에는 2가지 큰 특징이 있다. 첫 번째 특징은 장기적이라는 점이다. 유통을 계열화하고 생산과 영업을 이에 맞추어 굴리려고 하면 오랜 시간이 소요된다. 미국 기업이 단기 지향적인데 비해서 일본 기업이 장기 지향적인 이유는 일본 기업의 유통의존형 사업모델과도 관련이 깊다.

또 다른 특징이 폐쇄적이라는 점이다. 유통계열화라는 배타적인 관계를 형성해버리면 다른 기업들이 침투하기가 대단히 힘들어진다. 1980년대 후반에 미국이 일본과의 무역 불균형 문제를 해소하기 위해 시장 개방을 강력히 요구했는데 이때 가장 큰 장애요인이 유통계열화였다.

이처럼 일본 기업들은 오랜 시간을 들여 유통의존형 사업모델을 구축했다. 그리고 이 모델을 통해 진입장벽을 구축한 뒤 안정적으로 사업을 영위했던 것이다.

02 저성장 사회, 소비자가 변했다

 문제는 이러한 일본 기업의 사업모델이 오랜 저성장 기간 중에 크게 변형되었다는 점이다. 그 첫 단추는 일본 소비자들의 변화에서 나타났다.
 고도 경제성장기에 일본의 소비자들은 가격이 비싸도 감내했다. 그 이유는 우선 기업의 제품 공급가격이 비쌌다. 앞에서 설명한 바와 같이 일본 기업들의 사업모델은 유통계열화를 근간으로 하고 있다. 계열 점포는 자사 제품만을 취급하는 폐쇄적 모델이기 때문에 여러 기업의 제품을 동시에 취급하는 개방적 모델보다는 비용이 많이 든다. 이 외에 신제품을 수돗물처럼 계속해서 출시해 판매하는 데에도 비용이 많이 든다. 그 결과 제품이 우수하고 새로운 기능은 추가될지 모르지만 비용이 많이 들기 때문에 결국 제품 판매가격도 높아지는 것이다.

또한 고도 경제성장기에는 소비자들 스스로도 제품에 대한 지식이 부족했다. 소비 경험이 일천하고 제품에 대한 지식이 부족할수록 유통 계열점의 판매원들에게 많이 의존하게 된다. 그 결과 서비스는 높지만 그 서비스에 대한 대가를 결국 소비자가 부담하게 되기 때문에 판매가격 또한 높아진다.

더구나 소비자들도 경제성장으로 소득이 매년 높아지기 때문에 높은 판매가격을 용인하게 된다. 경우에 따라서는 부를 과시하기 위해 가격이 높은 제품을 선호하기도 했다. 경제성장기에 과시적 소비와 명품 소비가 늘어난 것도 바로 이 때문이다.

하지만 저성장기가 되면 소비자들은 변하기 시작한다. 저성장으로 인해 소득이 줄어듦에 따라 소비자들은 더 이상 높은 가격을 감내하지 않는다. 소득이 빠듯하니 오히려 저가격 제품을 선호한다. 경우에 따라서는 가격 파괴적인 제품을 선호하기도 한다. 저성장기에 할인점이나 아웃렛몰, 이월 상품, 떨이 상품 등이 각광을 받는 것도 이 때문이다.

하지만 무조건 가격이 저렴한 제품만을 선호하는 것은 아니다. 경제성장기에 제품을 구매해본 경험이 축적되면서 소비자들은 자신에게 맞는 제품을 선택해서 즐기게 되었다. 마음에 꼭 드는 제품이 있으면 몇 달치 월급을 모아서라도 비싼 제품을 구매하기도 하고 거꾸로 제품이 마음에 안 들면 아무리 싸더라도 구매하지 않았다. 이것이 모두 소비 경험이 축적되고 소비자의 제품 판단력이 높

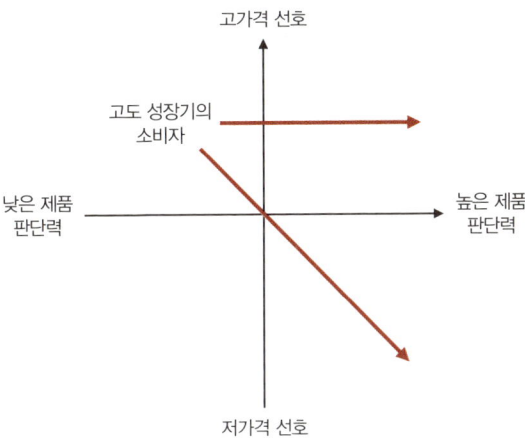

아짐에 따라 나타난 현상이다.

그 결과 고도 성장기에는 낮은 제품 판단력과 고가격 선호 성향을 보이던 일본의 소비자들이 저성장기가 되면서 높은 제품 판단력과 고가격 선호 성향을 보이거나 저가격 선호로 분산되게 되었다.

이는 소비패턴이 단순화에서 다양화로 이동됨을 의미하기도 한다. 성장기에는 하나의 소비패턴만을 보이던 소비자들이 저성장기가 되면 여러 소비패턴을 보이게 된다. 성장기에는 10인 1색, 즉 10명의 소비자가 1가지 소비 성향만을 보이다가 저성장기에 접어들자 10인 10색, 즉 10명의 소비자가 10가지 각기 다른 소비 성향을 보였다.

저성장 기간 중에 일본에서 히트한 상품들을 살펴보면 대체로 가격파괴형 내지는 절약지향적 상품들이 주류를 이루고 있다. 하지만

저성장기 일본의 히트상품

년도	히트 상품
1990	통나무집, 귀금속류, 고급 그림, 휴대전화, 인공지능가전, 기린맥주, 티라미스, 화이트닝 화장품
1991	합리적인 가격대 상품, 바나나 음료, 생면 타입 우동, 케이크 타입 초콜릿, 휴대전화
1992	디스카운트형 소매업, 저가격 컴퓨터, 리사이클 운동, 특곱빼기 소고기덮밥, 다운사이징
1993	가격이 매우 싼 상점, 뷔페식 레스토랑, 매우 싼 신사복, 저가격 맨션, 엔고 환원 상품
1994	가격이 매우 싼 수입맥주와 PB브랜드 상품, 저가격 미국산 자동차, 가격파괴
1995	컴퓨터, 윈도우95, 인터넷, 휴대전화, 중고령층을 위한 컴퓨터 교실, 개인 해외여행
1996	모바일 정보기기, 디지털 카메라, 도시형 복합상업시설, 논슈거(non-sugar) 제품, 맥도날드 80엔 버거
1997	ISDN, 휴대정보기기, 디지털 카메라, 비디오 카메라, 고부가가치 백색가전, 원예
1998	신규격 경자동차, 소비세 환원 세일, 외화로 거래되는 금융상품, 기린맥주, 맥도날드 반액 버거, 아사히맥주
1999	10만 엔 이하의 컴퓨터, 200만 화소 디지털 카메라, 스페셜 카페, 고급 브랜드 매장
2000	플레이스테이션2, IT혁명, 유니클로, 100엔숍, 스타벅스 커피
2001	ADSL, 차음료, 도심 고층맨션, 280엔 소고기덮밥, 커피숍
2002	인터넷 예약, 액정 텔레비전, 차 음료 전쟁, MP3, 하이브리드, 식기 세척기 및 건조기, 카메라 부착 휴대전화, 마루노우치 빌딩, 기획상품
2003	액정·PDP 텔레비전, 롯폰기힐즈, 고급 삼각김밥, 두유, 도시형 온천 테마파크
2004	드럼식 세탁기, IH쿠킹히터, 인터넷 옥션, 아이팟, 검은콩 코코아, 검은 식초, 코엔자임, 건강보조제

2005	스팀 오브렌지, 손떨림 방지 기능 디지털 카메라, 가정용 광통신, 블로그, 로하스, 기린 발포주
2006	닌텐도DS, 텔레비전, 지상파 텔레비전 방송, 경자동차, 메타볼릭 신드롬
2007	프리미엄 상품, 도쿄 미드타운, 디자인 카페, 휴대전화 소설, 전자머니, 양을 무한대로 늘린 식품
2008	아웃렛몰, 자전거, 5만 엔대 컴퓨터, 유니클로, H&M, 엔고 환원 세일, PB상품, 프리미엄 로스트 커피
2009	관제 특수, 하이브리드 자동차, 한국 여행, 가격 전쟁, 에코 자동차, 규격 외 야채, GREE, 기린 알코올제로 맥주
2010	스마트폰, 가전 에코 포인트, LED 전구, 200엔대 규동, 3D영화
2011	애플, 절전상품, 페이스북, 안드로이드 단말기
2012	국내선 저가항공, 라인, 인스턴트 라면, 7인치 태블릿, 기린 메츠콜라

가만히 들여다보면 조금씩 다른 경향을 발견할 수 있다.

프리미엄 상품이나 도심 고급 맨션, 고가 그림, 고급 브랜드처럼 고가형 상품이 히트하기도 하고 개인 해외여행이나 원예, 귀금속, 매스티지(masstige: 중가 명품) 화장품, 도시형 온천 테마파크, 디자인 카페, 고급 삼각김밥과 같은 위로형 상품도 히트했다. 특히 후자는 저성장 생활에 찌든 자신을 위로하기 위해 조그마한 사치로 자신을 달램에 따라 나타난 히트상품들이기도 하다.

이 밖에도 로하스 제품이나 건강 보조제, 메타볼릭(metabolic: 신진대사) 신드롬 대체상품, 무설탕 제품, 에코 자동차, 재활용 운동처럼 환경을 생각하고 자신의 건강을 챙기는 상품도 히트했다. 또한 모바일 메신저 라인이나 게임기 플레이스테이션2와 같은 젊은 층을 겨냥한 상품도 히트했지만, 중·고령층을 위한 컴퓨터 교실이나 노년 및 여성 전용 피트니스클럽과 같은 시니어 전용 상품이 히트하기도 했다.

위와 같이 소비자들의 기호가 다양해지면서 기업들은 마케팅 활동을 하기가 대단히 힘들어졌다. 고도 성장기에는 대중 소비시장(Mass Market)에 맞는 제품을 출시하면 크게 히트할 수 있었다. 하지만 저성장기가 되면 소비 트렌드가 워낙 다양해지기 때문에 각각의 트렌드를 잡아내기가 대단히 힘들다. 또한 일시적으로 트렌드를 잡더라도 시장 자체가 작은 세분 시장에 불과하기 때문에 매출 또한 크지 않다. 결국 힘만 들고 얻는 것은 별로 없는 상황이 되는 것이다.

03 카테고리 킬러들이 판도를 바꾸다

 일본 기업들을 더욱 힘들게 한 것은 유통의 변화였다. 유통이 소비자들의 변화를 재빠르게 활용하며 새로운 혁신을 일으키기 시작했던 것이다.

 고도 성장기에 일본의 주력 유통은 백화점과 할인점, 계열 유통점이었다. 특히 백화점과 할인점은 대중 소비시장을 선점하며 거대 산업으로 성장했다. 하지만 경제가 성숙하면서 편의점에 왕좌의 자리를 넘겨주더니 저성장기에는 카테고리 킬러(category killer)형 전문점들에게 자리를 넘겨주었다.

 1999년과 2009년 당시 소매기업들의 시가총액 순위를 살펴보면 첫 번째 특징이 시가총액 자체가 많이 줄어들었다는 점이다. 특히 상위 기업들의 시가총액이 많이 빠졌는데, 이것은 거대 유통기업들

일본 소매기업의 시가총액 변화

순위	1999년 회사명	업태	시가총액 (억 엔)	2009년 회사명	업태	시가총액 (억 엔)
1	세븐일레븐 재팬	편의점	3만 7480	세븐&아이 홀딩스	소매연합	2만 6186
2	이토요카토	할인점	3만 1339	패스트 리테이링	의류 전문점	1만 3874
3	마루이그룹	백화점	8165	이온	할인점	6963
4	이온	할인점	7132	야마다전기	가전 전문점	5632
5	패밀리마트	편의점	5369	로손	편의점	4920
6	유니	할인점	4003	니토리	가구 전문점	3713
7	다카시마야	백화점	2971	패밀리마트	편의점	3672
8	이세탄	백화점	2637	미츠코시, 이세탄 홀딩스	백화점 연합	2842
9	서클K	편의점	2329	ABC마트	신발 전문점	2467
10	아오야마 상사	신사복 전문점	2206	시마무라	의류 전문점	2373
11	다이에	할인점	2183	다카시마야	백화점	2137
12	마이카루	할인점	2096	J프론트 리테이링	백화점 연합	1930
13	시마무라	의류 전문점	1817	유니	할인점	1810
14	요크베니마루	슈퍼마켓	1814	이즈미야	할인점	1660
15	월드	의류 전문점	1598	마루이그룹	백화점	1628
16	미츠코시	백화점	1467	산드락	드러그스토어	1588
17	한큐	백화점	1357	스기홀딩스	드러그스토어	1497
18	이즈미야	슈퍼마켓	1306	서클K 산크스	편의점	1364
19	다이요	슈퍼마켓	1099	H20 리테이링	백화점 연합	1364
20	시마츄	가구 전문점	1073	돈키호테	할인 전문점	1256

의 기업 가치가 많이 줄어들었음을 의미한다.

두 번째 특징이 1999년에 상위 순위를 점했던 백화점과 할인점 등의 순위가 2009년에는 많이 하락했다는 점이다. 그대신 의류 전문점이나 가구 전문점, 신발 전문점, 드러그 스토어(Drug Store) 등이 많이 성장했음을 알 수 있다.

세 번째 특징은 2009년의 순위에서 소매 연합이나 백화점 연합이라는 이름이 많이 눈에 띄는 점이다. 이것은 기존의 백화점과 할인점 등이 생존을 위해 다른 백화점이나 할인점과 통폐합함에 따라 나타난 현상이다.

그럼 왜 이와 같은 현상이 유통에 나타나게 되었는가? 가장 큰 이유는 백화점과 할인점과 같은 전통적인 주력 유통이 더 이상 소비자들의 지지를 받지 못하는 대신에 이 자리를 전문점들이 차지하게 되었기 때문이다.

예를 들어 전통적인 일본의 할인점 매장은 3층으로 구성되어 있었

도쿄에서 가장 큰 전자제품 전문 매장 요도바시 카메라의 아키하바라점

일본의 고성장 전문점

소매기업명	업종	사업모델의 특징	매출액
요도바시 카메라	가전제품	역세권 입지의 가전백화점	7122
패스트 리테일링	캐주얼 의류	유니클로 브랜드의 캐주얼 의류	4247
시마무라	저가 여성의류	주부들을 위한 저가 패션	3585
마쓰모토 기요시	드러그 스토어	여성을 위한 엔터테인먼트 드러그 스토어	3417
다이소산업	100엔 균일점	100엔으로 즐기는 소매 어뮤즈먼트 극장	3380
돈키호테	종합 할인점	정글 컨셉을 도입한 일본판 동대문시장	2729
니토리	가구	주택 전체를 코디네이션하는 홈퍼니싱	2140
아스쿠루	인터넷 문구	인터넷을 통한 법인시장의 공략	1763
아오야마 상사	신사복	교외형 신사복 체인	1731
양품계획	생활잡화	노브랜드 생활잡화점	1428
북오프	서적	중고 서적시장	372

다. 1층 매장은 식료품류를 취급하고 2층 매장은 의류를, 3층 매장은 가전과 생활잡화를 취급했다. 하지만 각 층의 주력 제품별로 카테고리 킬러형 전문점이 나타나 할인점을 공략하기 시작했다.

식품류는 전문 슈퍼마켓이 성장해 공략하기 시작했고 의류는 유니클로나 시마무라와 같은 의류 전문점이 성장해 공략했다. 또한 3층의 가전 제품은 야마다 전기나 요도바시 카메라와 같은 가전 전문점이, 생활잡화 제품은 가구 전문점이나 드러그 스토어가 공략하기 시작했다. 마치 거대한 공룡을 개별 카테고리 킬러들이 공격해 잘라먹듯이 할인점을 한 층 한 층 분해한 것이다.

할인점이 각각의 전문점에 당할 수밖에 없었던 이유는 우선 가격이 높았기 때문이다. 할인점은 말이 할인점이지 엄밀한 학술적 정의로는 '종합 양판점(GMS: General Merchandise Store)'이었다. 즉 좋은 제품을 모두 한곳에 모아놓은 가게인 것이다. 이 때문에 가게 전체적으로 비용이 많이 드는 데다 개별 상품의 구매가격 또한 높았다. 이에 비하면 각 전문점들은 특정 카테고리 제품을 집중적으로 구매했기 때문에 할인점보다 더 저렴한 가격으로 제품을 구매하고 판매할 수 있었다.

또한 이들 전문점은 할인점과 비교가 안 될 정도로 제품 구색이 다양하고 깊이가 있었다. 예를 들어 가전 전문점만 하더라도 제품 종류가 할인점보다 압도적으로 많았다. 종류가 많을 뿐만 아니라 여러 브랜드에서 출시된 다양한 크기의 제품이 갖추어져 있었다. 더군다나 할인점의 판매 점원들은 각 제품에 대한 전문 지식이 많지 않았지만 가전 전문점의 판매 점원들은 각 제품 영역별로 깊은 전문 지식을 갖추고 있기 때문에 고객들은 이들의 도움을 받아 기호에 맞는 제품을 고를 수 있었다.

물론 이렇게 된 데에는 백화점이나 양판점과 같은 전통적인 유통 강자들의 실수도 있었다. 고도 경제성장기에 유통 강자들은 소비자들의 지지를 받자 규모를 확대하는 데 주력했다. 매장을 넓히고 고급화했을 뿐만 아니라 이곳저곳에 출점해서 점포 수를 많이 늘렸다.

문제는 경제가 저성장기로 접어들었음에도 불구하고 이들 유통기업들이 양적 확대를 멈추지 않았다는 점이다. 오히려 저성장기에 접어들어 출점 가능한 지역의 땅값이 보다 저렴해지고 같은 업종 간의 경쟁이 더욱 치열해지자 양적 확대를 더욱 강화했다. 그 결과 소고 백화점과 같은 대형 백화점이 도산하고 1등 할인점 기업이었던 다이에마저도 도산하게 되었다.

04 사업모델의 붕괴

문제는 카테고리 킬러형 전문점들의 성장과 더불어 일본 기업의 계열 유통점들이 붕괴되기 시작했다는 점이다. 가전 분야에서 야마다 전기나 요도바시 카메라와 같은 전문점이 급속히 성장하자 마쓰시타 계열 점포나 소니 계열 점포들이 급속히 붕괴되기 시작했고, 마쓰모토 기요시와 같은 드러그 스토어가 급성장하자 기존의 화장품 계열점과 방문 판매망이 급속히 붕괴되기 시작했다.

또한 유니클로나 시마무라, 아오야마 상사 등과 같은 의류 전문점이 급성장함에 따라 의류 계열 점포도 급속히 붕괴되었다. 이러한 변화는 가구, 서적, 문구 등 전 산업 분야에 걸쳐 일어나기 시작했다.

이 같은 변화는 일본 기업의 매출과 수익에 직격탄을 날렸다. 전통적인 일본 기업은 앞에서도 설명한 바와 같이 계열 유통망에 의존한 시스템이었다. 하지만 계열 유통망이 붕괴하자 일본식 생산시스템과 영업시스템이 같이 타격을 받기 시작했다. 특히 일부 산업에서는 타격의 정도가 심해 기업의 사업모델 자체가 붕괴되기까지 했다.

유니클로 등 의류 전문점의 급성장으로 의류 계열 점포가 붕괴되기 시작했다.

마쓰모토 기요시 등 드러그 스토어가 등장하자 기존 판매망이 무너져갔다.

전통적인 유통 계열 점포는 제조기업의 판매 대리점(selling agent)으로서의 역할을 수행해왔다. 특정 제조기업이 공급하는 제품만을 취급했고 또한 그 기업이 원하는 판매가격으로 제품을 판매했다.

하지만 카테고리 킬러형 전문점은 더 이상 제조기업의 판매 대리점이 아니었다. 특히 이들은 저성장기에 소비자들의 변화를 바탕으로 성장했기 때문에 소비자들의 구매 대리점(buying agent)으로서의 역할을 했다. 소비자들이 다양한 제조기업들의 제품을 원한다면 여러 제조기업으로부터 동시에 제품을 구입해 판매했고, 소비자들이 싼 가격을 원한다면 제조기업들을 경쟁시켜서라도 싼 가격으로 판매했다. 경우에 따라서는 해외기업에 하청을 주어서라도 싼 가격의 제품(PB: Private Brand)을 만들어 판매했다.

이러한 성격을 가진 전문점들이 성장함에 따라 제조기업과의 힘의 관계도 역전되기 시작했다. 고도 경제성장기에는 제조기업이 유통을 계열화해 유통 전체를 자신들의 입맛에 맞게끔 이끌어갔지만 저성장기가 되자 오히려 유통이 힘을 가지고 제조기업을 끌고 가는 경향이 나타나기 시작했다. 구색 결정권도 제조기업에서 유통으로 넘어갔으며 가격 결정권도 유통이 가지게 되었다.

그 결과 전통적인 일본식 생산은 유지하기가 어려워졌다. 수돗물처럼 물건을 쏟아내더라도 순순히 팔아줄 유통망이 줄어든 것이다. 소위 수도관이 막히거나 좁아진 것이다.

또한 전통적인 일본식 영업을 하기도 힘들게 되었다. 유통점은 순순히 물건을 사주지도 않았고 제조기업이 원하는 가격으로 판매해주지도 않았다. 오히려 제조기업은 유통점이 원하는 제품만을 생산해주거나 유통점이 원하는 가격에 제품을 공급해주어야만 했다.

유통뿐만 아니라 소비자들 또한 다양화되었다. 과거 10인 1색 소비 성향에서 10인 10색 소비 성향으로 바뀐 것이다. 그 결과 기업들은 어디에 초점을 맞추어 마케팅을 해야 할지 알 수 없게 되었다.

더구나 유통점과 소비자들을 잡기 위한 기업 간 경쟁도 더욱 격화되었다. 과거에는 기업들이 커가는 시장을 사이좋게 나누어 가졌다면 이제는 줄어드는 시장을 차지하기 위해 이전투구식 경쟁도 마다하지 않았다.

그 결과 고도 경제성장기에 구축되었던 일본 기업들의 전통적인 사업모델이 점차 파괴되어갔다.

4장

쇠퇴하는 일본 기업들

01
장인정신과 갈라파고스화

앞 장에서 살펴본 바와 같이 고도 경제성장기에 완성된 일본 기업들의 사업모델도 환경이 변화하면서 큰 타격을 받았다. 소비자들은 저성장기가 지속되자 가격에 보다 민감해졌고 새로운 유통기업들은 이를 사업 기회로 활용하며 성장해나갔다. 이들 유통기업들은 일본 기업들의 사업모델의 근간이라고 할 수 있는 계열 유통망을 파괴함으로써 일본 기업들의 강점인 생산과 영업마저 흔들어놓았다.

하지만 이러한 변화가 일어났음에도 불구하고 많은 일본 기업들은 제대로 변화에 대응하지 못했다. 가장 큰 이유는 과거에 지나치게 집착했기 때문이었다.

한 예로 장인정신은 과거에 일본을 칭찬하는 대표적인 찬사였다. 일본의 생산현장에서 작업자들이 장인정신을 발휘하며 한 제품 한 제품을 정성스럽게 만드는 모습은 전 세계의 많은 기업들이 벤치마킹하던 대상이었다. 또한 그들이 만든 완벽한 품질은 세계의 많은 소비자들이 앞다투어 일본 제품을 사게 하는 중요한 이유였다. 이 때문에 '생산'이라는 단어는 '혼이 담긴 생산'이라는 의미까지 포함한 '모노즈쿠리'라는 독자적인 일본어로 칭했다.

하지만 장인정신과 장인정신으로 만든 제품도 환경이 바뀌거나 너무 지나치면 문제가 된다. 그중 하나가 과잉 품질이다. 일본 기업들은 제품의 품질을 지나칠 정도로 계속해서 개선했다. 소위 제품이 아니라 작품이 되어버린 것이다. 물론 작품 수준의 제품을 원하는 고객이 있지만 저성장기가 되면 이러한 고객은 소수에 불과하다. 대부분의 고객들은 과잉 품질의 제품보다는 오히려 값싸고 실용적인 제품을 더 선호하게 된다.

해외시장도 마찬가지다. 품질이 높은 선진국의 고급 시장에서는 수요가 있을지도 모르지만 선진국의 대중시장이나 개발도상국에서는 수요가 많지 않다.

과잉 품질과 더불어 또 하나 문제가 되는 것이 과잉 기능이다. 고객들의 요구를 받아들여 이런저런 기능을 모두 넣다 보니 제품의 기능 또한 과잉이 되었다.

이것은 일본 기업들이 고객 제일주의를 표방하기 때문에 생긴 현상이기도 하다. 기업들이 고객 제일주의를 표방하다 보니 제품 개발자들이 고객 만족을 위해 고객들의 여러 요구를 모두 받아들였기 때문이다. 또한 제품 개발자들이 장인정신을 발휘해 다양한 기능을 작은 제품 안에 꾸역꾸역 집어넣은 결과이기도 하다.

마지막으로 문제되는 것이 과잉 모델이다. 여러 다양한 고객들을 위해 이 모델 저 모델을 생산하다 보니 모델이 너무 많아지게 된 것이다.

이들 고객들 중에는 계열 유통점도 있다. 계열 유통점은 다른 계열점과 경쟁하거나 카테고리 킬러형 전문점과 경쟁하기 위해 계열 전용 모델을 요구했다. 그러면 제조기업은 계열 유통점을 유지하고 지원하기 위해서라도 새로운 모델을 만들어주었다.

여기에는 일본식 영업도 한몫을 했다. 계열 유통도 유지하고 고객만족도 높이며 경쟁 기업에도 이기기 위해 새로운 모델을 계속 요구하게 된 것이다. 이 또한 장인정신으로 해결하다 보니 제품 모델도 과잉이 되어버렸던 것이다.

이처럼 과잉 품질과 과잉 기능, 과잉 모델은 결국 과잉 진화를 가져와서 일본 기업을 갈라파고스화(Galapagos Syndrome)로 만든 주범이 되었다. 갈라파고스화란 일본의 경제평론가 미야자키가 사용한 말이다. 일본 기업들이 과잉 진화하다 보니 찰스 다윈이 진화론을 발견한 갈라파고스 섬의 동물처럼 되어버렸다는 것이다. 대륙의 포유동물들이 섬에 들어오면 날지 못하는 새와 엄청나게 큰 거북이처럼 독자적으로 진화한 섬 내 종들이 한순간에 멸종할 위험마저 있을 정도로 과잉 진화된다. 섬나라인 일본 또한 일본 내에서만 기업들이 과잉 진화를 거듭하다 보니 세계시장에 전혀 통용되지 않을 뿐만 아니라 해외의 기라성 같은 기업들에게 속수무책으로 당할 위험성마저 있다는 것이다.

그 대표적인 예가 일본의 휴대전화다. 일본 하면 전자기업을 떠올릴 정도로 소니나 파나소닉, 도시바, 히타치, 샤프, 미쓰비시, NEC, 후지쯔, 교세라와 같은 세계적인 기업이 있었다. 하지만 일본 소비자들의 요구에 맞춰 과잉 진화하다 보니 일본 내에서도 세분된 시장에 맞는 휴대전화밖에 만들지 않았다. 그 사이 미국에서는 애플이, 한국에서는 삼성전자가 글로벌 휴대전화를 앞세워 일본시장에 진입했고 일본의 휴대전화 기업들은 하나둘 사라지기 시작했다.

또 하나의 사례가 닛산자동차다. 닛산은 일본을 대표하는 자동차 기업으로서 블루버드나 스카이라인, 페어레이디Z 같은 세계적인 명차를 생산하던 기업이었다. 하지만 스카이라인 차종이 인기를 끌

과잉 진화한 닛산의 스카이라인

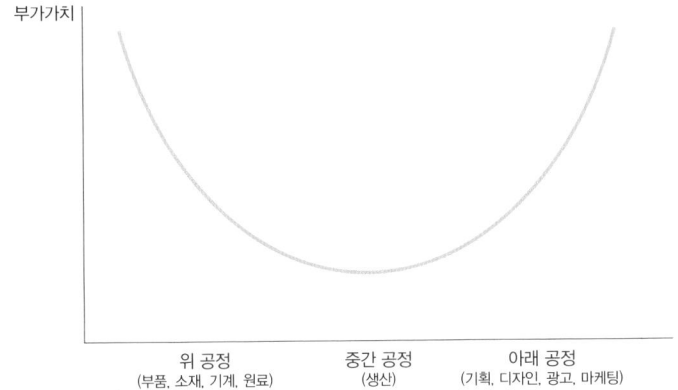

부가가치와 스마일 커브

자 닛산자동차 내 많은 차량 개발자들이 스카이라인을 개발하고 싶어 안달을 했고, 심혈을 기울여 스카이라인을 만들다 보니 점점 대중성이 없는 자동차가 되어갔다. 이 때문에 소수 마니아 층에게는 최고의 차였지만 보통의 소비자에게는 최악의 차가 되어버렸다. 그 결과 스카이라인의 매출은 급감했고 닛산의 경영도 어려움에 처했다. 하지만 닛산의 개발자들은 계속해서 과잉 품질, 과잉 기능의 차를 만들어내다가 결국은 경영위기에 처하게 되어 1999년에 프랑스의 르노 자동차에 팔려가는 신세가 되었다.

물론 일본이 고도 경제성장기일 때는 장인정신과 품질경영, 생산 중심의 사고가 큰 성공을 가져다주었다. 그 결과 일본이 '세계의 공장' 역할을 하며 일본 제품이 세계 시장을 석권하기도 했다. 하지만 버블이 붕괴되고 저성장기에 돌입하자 일본 소비자들도 더 이상 고급 제품만을 요구하지 않았다.

더구나 21세기에 들어 생산이 많은 부가가치를 창출하지도 않게 되면서 21세기에는 부가가치가 스마일 커브처럼 형성되기 시작했다. 생산에서의 부가가치는 하락한 반면 부품이나 소재, 기계, 원료와 같은 위 공정(upstream)이나 기획과 디자인, 마케팅과 같은 아래 공정(downstream)의 부가가치가 상승하기 시작했다.

특히 부가가치가 낮은 생산 부분에는 한국이나 대만, 중국 기업들이 진입해 일본 기업이 향유하던 부가가치를 빼앗아가기 시작했다. 그 결과 일본 기업들은 국내외 시장에서 고전을 면치 못하는 신세로 전락하게 되었다.

02 거인들이 몰락하는 이유

장인정신과 품질신화만 문제가 있었던 것은 아니다. 계열이라는 일본식 특성 또한 일본 기업들의 발목을 잡았다.

계열은 기업 간 특수한 관계를 말한다. 3장에서 살펴본 일본 기업 사업모델과 같이 유통 계열점은 특정 기업의 제품만을 취급하는 특수한 유통 형태다. 일반적인 기업 간 상거래 관계라면 다른 기업의 제품도 취급하고 가격도 협상에 의해 결정된다. 하지만 계열관계가 되면 그 기업과 특수한 관계를 가지기 때문에 일반적인 기업 간 상거래와는 다른 관계가 형성된다.

일본 기업의 계열관계는 유통에만 있는 것이 아니다. 생산에도 1차 하청기업과 2차 하청기업 등으로 계열을 형성해 특정 기업만을 위한 제품을 전속적으로 생산하는 관계가 형성되기도 했다. 또한 자본관계에도 계열관계가 형성되어 특정 은행을 주거래 은행으로 한 뒤 이 은행을 중심으로 한 특수한 자본관계가 만들어지기도 했다.

이러한 계열관계가 고도 경제성장기에 일본 기업의 큰 장점이 되자 일본 학자들이 나서서 이를 미화하기 시작했다. 계열관계에는 경제적 이익만이 아니라 신뢰가 형성되며 이러한 관계는 원시시대의 동족집단에서 보이는 혈연(Clan)관계로 미화하기도 했고, 일부 학자들은 일본의 가족(Ie, いえ) 개념을 가져와 미화하기도 했다.

기업들도 이러한 미화에 고무되어 더욱 계열화를 추진했다. 이때에도 일본 기업 특유의 완벽주의가 발동해 기업의 모든 거래를 하나의 계열 안에서 완성하려는 원 세트(One Set) 주의가 추구되었다.

문제는 이 또한 신화가 되어 경제적 거래관계 이상으로 과잉 발전하게 된 점이다. 모든 것을 자기 완결적인 계열에서 수행하려고 했지만 이러한 관계는 환경 변화에 대한 유연성을 해쳐버렸다.

저성장기의 계열 유통에서 나타난 바와 같이 소비자들이 변하고 유통이 변하면 계열 유통은 경쟁력을 잃어버릴 뿐만 아니라 제조기업에게도 짐이 된다. 그러면 기업은 계열관계를 중단하거나 조정해야 하는데 계열관계가 지나치게 비경제적 관계로 진화하다 보니 이를 좀처럼 수행하기가 힘들게 되었다.

이것은 유통계열만이 아니라 자본계열도 마찬가지다. 자본시장이 발달해 기업의 자본 조달 창구가 은행에서 증권시장으로 바뀌자 기업들은 은행보다 증권시장에서 더 저렴한 비용으로 자본을 조달할 수 있게 되었다. 하지만 일본 기업들은 자본계열에 묶여 높은 이

자 비용을 지불하면서까지 은행을 통한 간접금융에 매달렸다.

하지만 가장 심각한 타격을 받았던 것은 일본 기업들의 생산계열이었다. 20세기의 아날로그 기술이 디지털 기술로 교체되면서 생산방식도 조정형에서 표준형으로, 폐쇄형에서 개방형으로 바뀌었다. 조정형은 기업 간에 일일이 제품 규격을 협의해 완제품을 만들어가는 아날로그 시대의 생산방식인데 반해서, 표준형은 표준화된 규격 부품을 가지고 간단히 연결하는 디지털 시대의 생산방식을 말한다.

예를 들어 아날로그 시대에는 브라운관 텔레비전 한 대를 만들려면 부품 3000여 개를 일일이 조정하며 조립해야 했다. 이 때문에 이들 부품을 일일이 조정해 공급하는 하청기업들의 능력과 그러한 부품들을 하나하나 정확히 조립하는 숙련공의 실력에 의해 텔레비전 품질이 좌우되었다. 하지만 디지털 시대가 되면서 텔레비전 부품이 200여 개로 줄어들었기 때문에 하청기업이 많이 필요하지 않을 뿐만 아니라 부품의 규격이 통일되어 전 세계의 대량 공급 업체로부터 부품을 쉽게 조달할 수 있게 되었다.

그 결과 계열 내에서 조달하는 폐쇄형이 아니고 전 세계의 부품 기업으로부터 조달하고 경우에 따라서는 생산마저도 생산 전문 기업(EMS)에 위탁하는 개방형으로 변화되었다.

이러한 변화에 다른 나라 기업들은 재빠르게 적응했다. 애플은 아이폰을 기획과 마케팅만 하고 생산은 중국기업에 위탁하는 전략(Designed by Apple in California, Assembled in China)으로 성공했다. 또한

모듈 부품을 조달해 최고 수준의 자동차를 만든 현대기아자동차

한국의 현대기아자동차는 모비스에서뿐만 아니라 유럽의 보쉬, 미국의 델파이 등에서 부품을 조달해 세계 최고 수준의 품질을 갖춘 자동차를 만들기 시작했다.

하지만 일본 기업들은 그간 완고하게 구축해놓은 생산계열 때문에 좀처럼 이러한 시대적 흐름에 제대로 대응하지 못했다. 여전히 조정형 부품을 계열회사로부터 비싼 값에 조달하다 보니 기술 수준이나 원가 수준에서 경쟁에 뒤쳐지기 시작한 것이다. 물론 조정형 기술이 여전히 주류를 이루는 특정 기계나 부품 산업에서는 일부 경쟁력을 유지했지만 표준형 기술이 주류를 이루는 전자산업 등에서는 경쟁력을 많이 잃어버렸다.

03
왜 더 이상 도전하지 않는가?

지나친 신중함

일본 기업들이 경쟁력을 잃은 데는 보수적인 일본 기업들의 문화도 크게 영향을 미쳤다. 일본 기업들은 전통적으로 '돌다리도 두드려보고 건너는' 신중한 문화를 지니고 있었다. 하지만 이러한 문화가 '돌다리도 두드린 후 건너지 않는' 형태로 변형되면서 일본 기업들의 발목을 잡기 시작했다.

　일본 기업의 문화가 보수화된 이면에는 기업 간부들의 고령화와 전문화도 있었다. 일본 사회의 고령화와 더불어 기업 간부들의 고령화도 함께 진행되었다. 또한 창업 세대가 사라지고 그 자리에 전문 경영인들이 채워짐에 따라 도전정신이 결여되고 보신주의에 사로잡히는 폐해도 낳았다.

 기업이 성장하지 않더라도 큰 실수만 없으면 경영자는 상담역이 되어 죽을 때까지 회사의 녹을 먹을 수 있었다. 회사에 따라서는 기업이 준비한 묘지에까지 안장될 수 있는 특권을 누리기까지 했다. 이러니 기업을 성장시키기 위해 도전을 하거나 기업을 바꾸기 위해 변혁을 꾀하기보다는 안전하게 기업을 운영하는 경영 방식이 일반화되었다.

 이러한 문제는 경영자에게만 있는 것은 아니다. 기업 조직도 보수화되어 여러 부문을 조정하거나 기획하는 기능조차도 퇴화되었다.

 앞 장에서도 살펴본 바와 같이 일본의 기업 조직에서는 전통적으로 현장이 중요시되었다. 현장은 독자적인 권한을 가지고 매진해나가지만 때에 따라서는 잘못된 방향으로 나아갈 수도 있다. 그러면 한국 기업의 전략기획실과 같은 조직이 자주 점검도 하고 새로운 방향을 제시할 필요도 있다.

 물론 일본 기업에도 기획실과 같은 부서는 있지만 대체로 스테이플러 찍는 기능만 담당하는 경우가 많다. 즉 현장에서 올라오는 보고서를 취합해 스테이플러만 찍어 경영진에게 올리거나 경영진의 지시사항 문서에 스테이플러만 찍어 현장에 내려보내는 역할만 하는 것이다.

 이러한 기획 및 조정 기능 부재는 대기업으로 갈수록 심해졌다. 소위 곡식을 저장하는 창고인 사일로(silo) 속에 틀어박혀 옆의 사일로와는 소통도 하지 않는 현상이 일본 대기업들에게 많이 나타났던

소니가 침체에서 벗어나지 못한 이유로 사일로 문화가 지적되었다.

것이다.

일부 학자들은 기획 및 조정 기능 부재를 지금의 일본 대기업들만의 폐해라고 간주하지는 않는다. 일부 학자들은 태평양전쟁 때 일본군이 미군에 패한 결정적인 원인이 이 기능의 부재에 있다고 보았으며 또 다른 학자들은 임진왜란 때 일본군이 패퇴한 결정적인 원인도 여기에 있다고 보았다.

또한 어떤 학자들은 일본인 자체가 우물 파기를 좋아해서 각자가 자신의 우물을 판 뒤 그 안에 안주하기를 좋아하기 때문이라는 해석도 했다. 물론 몇몇 사람은 장인정신을 가지고 계속해서 우물을 팜으로써 노벨상까지 받은 경우도 있지만 대부분은 자신의 우물 속에 들어가 옆 우물과 소통하지도 않고 우물 밖으로 나와 큰 세상을

일본인의 우물 파기

보려고도 하지 않는다는 것이다.

위와 같은 여러 요인들이 겹쳐져서 일본 기업들은 점점 더 보수화되었고 그 결과 스피드 경쟁과 대규모 투자 경쟁에서 패퇴하는 결과를 낳았다.

소극적인 해외진출

우물 파기의 폐해가 나타난 또 하나의 분야가 일본 기업의 해외진출이다.

저성장이 되면 기업들은 새로운 성장시장을 찾아 해외로 나가야한다. 하지만 많은 일본 기업들은 국내시장에 안주했다. 물론 일본 경제의 저성장이 장기간에 걸쳐 계속되리라는 사실을 한동안 알지 못했던 점도 있었다. 또한 일본의 내수시장 자체가 워낙 커서 내수시장(당시 세계 제2위의 경제대국 시장)만으로도 충분히 유지가 가능했던 점도 작용했다.

하지만 일본 기업들이 저성장기에 적극적으로 해외시장에 진출하지 않은 데에는 몇 가지 다른 이유가 있었다.

하나는 일본 기업의 직원들이 해외 근무 자체를 기피하는 점이었다. 수출 대기업이나 종합상사에 취직하더라도 되도록이면 국내 담당 부서에 근무하기를 원하는 경향이 있었기 때문이다.

이러한 점은 일본 대학생들이 해외연수나 해외유학을 가는 비율을 보아도 쉽게 짐작할 수 있다. 일본 대학생들은 해외연수도 별로 가지 않고 해외유학은 더욱더 가질 않는다. 예를 들어 미국에 있는 유학생들의 나라별 통계를 보더라도 한국 유학생은 중국이나 인도 유학생 수에 버금갈 정도로 많지만 일본 유학생은 조그마한 섬나라인 대만 유학생보다도 적은 것이 사실이다.

이것은 해외연수나 유학을 가게 되면 기업 취직 기수에서 밀리게 되고 연공서열을 강조하는 일본 기업에서 계속해서 불리한 요인으로 작용하기 때문이다. 또한 대학원 졸업자를 뽑는 기업 자체가 매우 적기 때문에 해외 대학원을 졸업하면 취직할 수 있는 기업체가 줄어드는 점도 함께 작용한다.

이러한 점은 기업에 들어가서까지 영향을 미친다. 해외 어학연수 경험이 전무하기 때문에 해외 담당 부서 근무를 꺼리게 되고, 외국 문화나 외국인과 접해본 경험이 적기 때문에 해외주재 자체를 피하게 된다. 이 점은 조직계층 전체에 영향을 미친다. 해외는 특이한 직원만이 가는 곳이 되고 그곳에 가서 크게 승진한 간부가 적으면 더욱더 가지 않으려 한다. 해외보다는 국내 영업지점이나 공장을 선호하고 특히 국내 본사에 근무해야 빨리 승진할 가능성이 높아지게 된다.

이러한 경향은 해외사업의 승패를 좌우한다. 우수 인력이 가지 않으니 해외사업에 실패할 가능성이 높아지고 실패가 누적되면 해외진출 자체를 주저할 가능성마저 생겨난다. 특히 해외사업 경험을 제대로 갖춘 경영진이 적다 보니 해외사업이 실패할 확률도 더욱 높아진다.

일본 기업의 이러한 구조적인 문제들은 90년대부터 전 세계적으로 불기 시작한 글로벌화의 변화에 일본 기업들이 뒤쳐지게 되는 결정적인 요인이 되었다. 특히 이 시점에 급속히 성장하기 시작한 신흥국 시장을 놓치게 된 것이 일본 기업들에게는 큰 타격이 되었다.

당시 브릭스를 중심으로 한 신흥국 시장은 최고의 성장시장이었다. 특히 저성장기를 맞이한 일본 기업에게 있어서 최고의 블루오션(Blue Ocean)이었다. 하지만 많은 일본 기업들이 이 시장 공략의 기회를 놓쳤다.

대표적인 일본 기업들의 해외시장 매출액을 분류해보면 우리가 아는 많은 기업들이 국내시장 중심형이거나 최근에 해외시장을 급속히 개척하는 기업형이다.[18] 물론 자동차나 전자 기업처럼 일찍부터 해외시장에 진출한 기업들도 많이 있지만 이 또한 대부분이 선

신흥국을 중심으로 성장하고 있는 다이킨공업

진국 시장 중심이다.

  그중에 신흥국 중심으로 성장하고 있는 기업은 에어컨을 생산하는 다이킨공업이나 생활용품을 생산하는 유니참 정도밖에 없다.

  경제대국인 일본을 대표하는 기업들이 이 정도 수준이니 다른 기업들은 말할 필요도 없다.

04 리더가 문제다

이상을 보면 '일본 기업의 경영자들은 도대체 무엇을 했는가?' 하는 의문이 든다. 경영자가 확실한 리더십을 발휘했더라면 대체로 해결될 문제였기 때문이다. 즉 과잉을 중단하고, 계열을 파괴하고, 부서 간을 조정하고, 해외로 사업을 이끌고 나갔더라면 해결될 문제였다. 하지만 저성장기에 일본 경영자들이 행한 리더십은 별로 도움이 되지 못했다.

왜일까? 이는 전통적으로 일본 기업의 리더상이 주군경영이었기 때문이다. 에도시대 각 번의 주군(殿様)처럼 조직의 리더는 존재만 할 뿐 군림을 하지 않는 전통을 이어받았기 때문이다. 기업의 경영자도 이러한 주군처럼 기업을 경영하는 것이 고도 경제성장기 일본의 전형적인 경영자 모습이었다.

존재할 뿐 군림을 하지 않는 일본의 주군

이들은 모든 것을 현장에 위임하고 자신은 회사의 얼굴로서 회사의 경영이념이나 자신의 경영철학을 제시하는 역할만 했다. 이것은 일본 기업의 현장 조직이 너무나 강력해 모든 것을 위임해도 잘 돌아갔기 때문이다. 가끔씩 현장에서 의견이 올라오면 이것을 추인하는 선에서 결정되었다. 소위 하의 상달식(Bottom Up) 형태의 의사결정이 이루어졌던 것이다.

또한 일본 사회에서는 기업의 경영이념이나 경영자의 경영철학이 대단히 중요시되는 특징이 있다. 기업이 고객 제일주의나 사업보국, 사회공헌과 같은 경영이념을 갖추고 있을수록 존경받는 기업이 되는 경향이 있었다. 이러한 사회적 요구에 부응해 경영자가 회사의 경영이념을 전파하거나 자신의 경영철학을 설명하는 것이 필요하기도 했다.

고도 경제성장기에는 전통적인 주군경영으로도 기업이 잘 돌아갔다. 경제는 계속 성장하니 생산현장과 영업현장이 잘 돌아가면 경영자가 별로 할 일도 없었다. 그러나 저성장 시대로 돌입하고 변혁의 시대가 되면 주군과 같은 경영자로는 위기를 잘 헤쳐나갈 수 없다. 경영자가 앞장서서 방향을 제시하고 기업을 변혁시켜나갈 필요가 생긴 것이다.

마이클 포터 하버드 비즈니스 스쿨 교수

하지만 너무나 오랫동안 고도 경제성장기가 이어지자 일본 기업의 경영자들은 제대로 리더십을 발휘하거나 큰 리스크를 동반하는 선택을 내리는 경험을 할 수 없었다. 젊은 시절 현장에 있을 때 가졌던 능력마저 오랫동안 경영자로 있으면서 퇴화되기도 했다. 이러한 경영자들에게 '환경이 바뀌었으니 강력한 리더십을 발휘하라'고 주문해도 한계가 있는 것이다.

이 때문에 마이클 포터(Michael

Porter)와 같은 하버드 비즈니스 스쿨 교수는 일본 경영자들의 경영 스타일을 '전략 없는 경영'이라고 비난하면서 '선택과 집중'을 하는 미국식 경영 전략을 도입하도록 강조하기도 했다. 하지만 어설프게 집중하는 바람에 기업이 휘청거리기도 했다. 그 대표적인 예가 일본의 간판기업 중 하나인 소니였다.

소니는 저성장기에 적자가 누적되는 전자 부문을 대대적으로 구조조정하면서 이익이 나는 금융과 영화, 음악 사업에 집중했다. 하지만 전자 부문은 소니의 출발점이었고 전체 매출의 70%를 차지하는 사업이었다. 이 부문을 무모하게 구조조정함에 따라 그 사이 축적해놓았던 원천기술과 핵심인재들을 대부분 잃어버리는 우를 범했다.

또한 금융과 영화, 음악 사업에서 이익이 나더라도 각각 몇 천억 원 단위의 작은 이익밖에 나지 않았기 때문에 이것으로는 글로벌 기업 소니를 지탱할 수도 없었다. 결국 전자 부문 중에 게임과 휴대 전화, 이미지 센서와 같이 경쟁력 있는 부분에 다시 투자하기 시작했지만 이미 시기를 많이 놓쳐버린 상태였다.

이 때문에 많은 일본 기업들은 경영진을 물갈이해 젊고 유능한 젊은 경영자를 발탁하기도 했고 차세대 예비 경영자를 선발해 집중적으로 의사결정 능력을 배양하는 조치도 취했다. 하지만 이러한 예비 경영자가 강력한 리더십을 가진 경영자로 육성되기까지는 많은 시간이 소요되었다.

05 실패에서 배워라

1960년대와 1970년대, 1980년대에 이르기까지 거의 30년간 일본 기업들은 세계시장을 석권하다시피 했다. 그 결과 이 기간이 '일본의 세기'로 칭해졌고 일본 기업들은 'Japan As No.1'으로 칭송 받기도 했다. 또한 일본 기업들의 경영 특징들은 '일본식 경영'으로 이론화되기도 했다.

그리고 1980년대 후반에 발생한 일본 경제의 버블도 사실은 일본 기업들의 경쟁력 때문에 발생한 것이다. 일본 기업들의 경쟁력을 약화시키고자 강제로 환율을 배로 절상시켰는데도 불구하고 일본 기업들은 수출을 멈추지 않았다. 이것을 오판한 일본의 정치가와 관료들의 실수로 말미암아 버블이 발생하고 또한 붕괴되었던 것이다.

이러한 상황이었기 때문에 일본 기업들은 버블 붕괴 뒤에도 자신만만했다. 오히려 경제 운영을 잘못한 정치가와 관료를 탓하기까지 했다. 하지만 이 시기에 시대의 큰 흐름을 놓친 것은 일본 기업들이었다.

1990년대에 정보통신기술(ICT)이 크게 발달했음에도 불구하고 디지털 시대로 갈아타지 못하고 아날로그의 낡은 기술에 집착한 것이 바로 일본 기업들이었다. 또한 정보기술의 발달로 기업 간 관계가 폐쇄형에서 개방형으로 바뀌었지만 이러한 시대의 흐름을 놓친 것도 바로 일본 기업들이었다.

실패는 여기서 끝나지 않았다. 2000년대의 글로벌화와 더불어 신흥국 시장이 급성장했지만 이러한 흐름도 놓쳐버렸다. 악수(惡手)가 악수를 부르듯 한 번 놓친 시대적 흐름으로 인해 또다시 시대적 흐름을 놓쳐버리는 우를 범했다. 이러한 패착 속에 일본 기업들은 2008년 리먼 쇼크를 계기로 '잃어버린 5년'에 본격적으로 돌입하게 된 것이다.[19]

이 기간 동안 수많은 일본 기업들이 몰락의 길을 걸었다. 소니와 파나소닉, 올림푸스, 도쿄전력 등이 대형 적자를 기록했고 샤프와 산요, 르네사스, 다이에, 유키지루시 유업, 일본항공 등이 도산하거나 기업재생 조치를 받기도 했다. 또한 일본 자동차의 간판기업이었던 닛산이 누적 적자로 말미암아 해외 기업에 매각되기도 했다.

물론 모든 일본 기업들이 이러한 길을 걸었던 것은 결코 아니다. 후지필름은 잽싸게 필름 사업을 버리고 전자부품과 의료, 화학 산

기존의 주력 산업을 버리고 새로운 산업에 손을 뻗어 성공한 히타치

업 등으로 구조조정해 새롭게 부활했으며 히타치도 소비재 산업 등을 버리고 인프라 비즈니스와 같은 B2B 산업으로 전환함으로써 창업 후 최고의 매출과 이익을 달성하기도 했다. 또한 기계와 부품, 소재 기업인 화낙과 교세라, 무라타, 도레이, 시마노 등도 여전히 건재하고 소프트뱅크나 라쿠텐처럼 ICT 정보기술 흐름에 잽싸게 올라타 대성공을 거둔 기업도 있다.

하지만 많은 기업들이 과거의 지나친 성공 경험에 도취되어 새로운 시대 흐름에 적응하는 데 실패했다. 그 결과 저성장기 내내 일본

기업들에게는 '성공은 실패의 어머니'라는 뼈아픈 격언이 유행했다. 또한 상대를 과하게 칭찬함으로써 몰락시켜버린다는 '호메 고로시(褒め殺し)'라는 단어가 유행하기도 했다.

일본항공을 재생시킨 이나모리 가즈오

기업은 과거의 영광만으로 살아갈 수 없다. 오히려 다가오는 변화에 적응하면서 나아가야 기업은 생존할 수 있다. 과거의 지나친 성공 속에 많은 실패를 거듭한 일본 기업들에게 이 사실은 뼈아픈 교훈이었다.

2부
시장을 장악하라

저성장 시대,
기적의 생존 전략 1

2부에서는 저성장기 시장 생존 전략 3가지를 제안한다. 저성장기에는 이전까지 통하던 공식이 더 이상 통하지 않는다. 저성장기는 고성장기와는 완전히 다른 양상을 지니고 있고, 이는 지금까지 한 번도 경험해보지 못한 새로운 상황이다. 이 난국을 돌파하기 위해서는 현실을 보다 객관적으로 이해하고 직시해 구체적인 전략을 세우는 것이 중요하다. 발상을 전환해 시장을 새롭게 바라보는 것부터 시작해야 한다.

5장

대한민국 기업,
제로 성장에
대비하라

01
악순환이 반복된다

본격적으로 저성장에 빠져들었을 때 한국은 어떤 모습일까?

정부는 만성적인 재정 적자에 빠져든다. 저성장이 지속되다 보니 세입이 줄어드는 것은 당연한 현상이다. 문제는 세입이 줄어들면 세출도 줄여야 하나 일본의 경우에서 살펴본 바와 같이 이것이 쉽지 않다.

우선 저성장으로 한계기업과 한계가계가 늘어나기 때문에 경제 활성화나 복지를 위해 정부의 세출은 오히려 늘어난다. 한국은 초고령 사회를 눈앞에 두고 있기 때문에 노인 복지 관련 지출이 자연스럽게 늘어나게 되어 있다. 여기에 정치권의 포퓰리즘적인 공약이 더해지면 세출은 더욱 불어날 것이다.

일본의 경우 포퓰리즘적 공약은 더욱 심해졌다. 선거 때마다 전

저성장기 정부 · 가계 · 기업의 상황

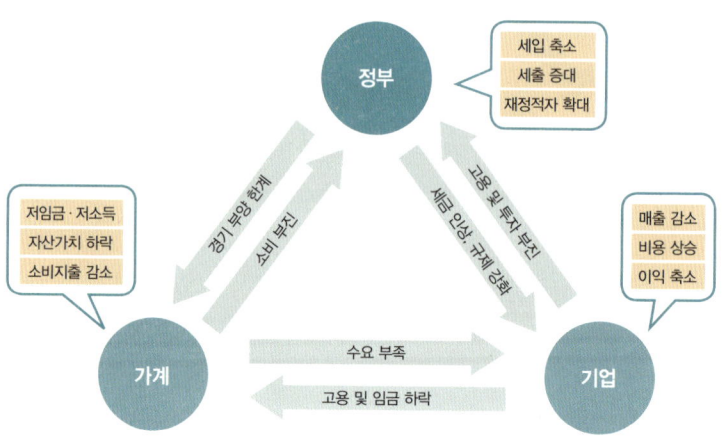

임자의 공약보다 더 강한 포퓰리즘적 공약이 등장하는데 실제로 이 공약은 선거에서 표를 얻는 데 도움을 준다. 노인 인구가 많아지고 이들이 대거 투표에 참여하게 되기 때문에 이들을 위한 포퓰리즘적 공약이 표로 연결되기 쉬운 것이다.

경제 활성화 지출도 마찬가지다. 앞에서도 언급한 것처럼 구조적인 개혁이 경제를 활성화시킬 수 있는 가장 중요한 방법인데도 불구하고 고통을 수반하는 개혁은 좀처럼 하고 싶어 하지 않는다. 그러다 보니 단기적인 경제 활성화 지출을 계속 반복적으로 하게 되고 재정 적자는 더욱 악화된다.

정부의 재정 적자는 기업과 가계를 더 어렵게 만든다. 우선 기업에 대해서는 법인세 등 각종 세금이 증대되고 세수 확보를 위해 기업에 대한 세무조사도 강화될 것이다. 일본의 경우 재정 적자가 악화되자 법인세율이 40%까지 상승했던 것이 이를 잘 방증하고 있다.

　기업에게는 세금 부담만이 문제가 아니다. 재정 적자가 누적되는데다 포퓰리즘적 공약이 기승을 부리면 각종 규제가 기업을 옥죄게 된다. 대표적인 것이 정년연장법이다. 연금 재정이 악화되면 연금 수급 연령을 55세에서 60세로 높이지 않으면 안 된다. 이 경우 기업의 정년이 55세이면 5년간 연금 수령이 없는 기간이 발생하기 때문에 이 부담의 일부를 기업에 지워 법으로 기업의 정년을 55세에서 60세로 강제하게 된다. 일본의 경우 이런 식으로 정부가 담당해야 할 많은 부담을 기업이 지게 됨으로써 기업의 부담이 크게 늘어났다.

　한국도 이미 60세 정년연장법이 제정된 바 있다. 일본은 50대 중반부터 임금이 줄어드는 임금피크제를 함께 실시했기 때문에 그나마 기업이 질 부담을 조금이라도 경감시켜주었지만, 한국은 임금피크제 도입 없이 정년연장법을 실시해버렸다. 이러한 결과는 결국 기업의 비용 부담으로 귀착된다.

　또한 정부의 재정 적자는 가계도 압박한다. 일본의 경우 재정 적자를 메우기 위해 우리나라의 부가가치세에 해당하는 소비세를 계속 인상했다. 또한 연금 불입액이나 건강보험료 등을 계속 올려 가계의 가처분 소득을 압박했다.

　한국도 2014년 연말정산에서 각 가계가 혼쭐이 났었다. 정부가 세수 확보를 위해 연말정산의 공제 항목을 변경했는데 이것도 모르고 13월의 보너스를 기대했던 개인들이 오히려 13월의 세금을 내게 되어 큰 정치 문제가 되었다. 하지만 이것은 시작에 불과하다.

소비세 인상 전에 구매하라는 문구가 붙어 있는 상점

　　정부의 재정 적자가 심화되면 기업과 가계는 구조적인 악순환에 빠져든다. 기업은 저성장으로 매출이 줄고 비용은 증가하기 때문에 이익이 줄어든다. 이익이 줄면 제대로 된 투자를 할 수 없다. 또한 어떻게든 비용을 줄이려고 노력하기 때문에 고용과 임금 또한 줄어든다.

　　이것이 가계를 압박한다. 가계는 임금 소득은 줄어드는데 각종 조세 및 준조세적 지출이 늘어나기 때문에 가처분 소득이 줄어든다. 또한 저성장으로 자산소득도 줄어들게 된다. 이 와중에 노령화로 의료비 지출이나 노후를 위한 저축 등이 증대되기 때문에 소비는 더욱 움츠러든다. 그 결과 만성적인 소비 부족에 빠져들어 소비 불황이 구조화된다.

　　그러면 기업의 수요 또한 줄어들기 때문에 기업의 고용이나 투자 또한 줄어들어 공급 불황이 발생한다. 공급 불황은 다시 저임금 저소득을 유발해 소비 불황을 불러오기 때문에 불황이 서로 맞물려 경제를 더욱 악화시킨다. 여기에 정부의 세수 감소와 경기 활성화용 세출 감소가 더해지면 경제 전체는 더욱 나빠지는 것이다.

02 10인 1색 소비에서 10인 10색 소비로

 경제 전체가 구조적인 악순환에 빠져들었을 때 한국의 소비자들은 어떠한 모습으로 변할까? 고성장기와 비교해보면 소비자의 모습이 완전히 달라진다는 것을 알 수 있다.

 우선 소비자들은 가격에 대단히 민감해진다. 이것은 경제가 어렵고 소득이 줄어드는 상황에서 자연스럽게 나타나는 현상이기도 하다. 가격에 민감해진 소비자들은 어떻게든 값싼 물건을 찾는다. 소비자들은 싼 가격을 찾아 할인점이나 아웃렛몰 등을 적극적으로 활용한다. 또한 이동 거리나 구매 시간과 같은 비용도 감안하기 때문에 인터넷 쇼핑몰이나 모바일 쇼핑몰을 자주 이용한다.

 이것이 고성장기의 소비자들과 완전히 다른 점이다. 고성장기에는 소득이 향상된다는 희망이 있기 때문에 가격에는 덜 민감하고 소비 자체도 현재보다 한 단계 더 높은 상급 소비를 지향했다. 시장에서 물건을 사기보다는 백화점에서 물건을 샀고 가처분 소득이 부족하면 세일기간을 이용하거나 카드 할부로라도 구입했다. 중산층의 이러한 소비 패턴을 반영해 고소득층은 명품 브랜드를 중심으로 한 과시적 소비를 했지만, 중산층들이 이를 다시 따라 하게 되어 점점 더 상급 소비로 전환되었다.

이 시기에는 기업이 마케팅을 하기가 한결 수월했다. 소비자들의 제품 지식이 일천하고 소비 경험 또한 높지 않았기 때문에 기업은 자신들이 원하는 방향으로 소비자들을 끌고 갈 수 있었다. 경우에 따라서는 없는 욕망을 창조하기도 했고 충동 구매를 유발하기도 했다. 그 결과 10인 1색의 소비 패턴이 만들어졌다. 기업이 한 가지

기능성 가치를 실현하는 상품을 기획부터 판매까지 하는 무인양품

색의 유행을 창조하면 10여 명의 소비자들이 수동적으로 그것을 쫓아가던 시대였다.

하지만 저성장기 소비자들은 더 이상 기업의 마케팅에 호도되지 않는다. 그들은 그 사이 제품 지식도 풍부해졌고 소비 경험도 많이 쌓아두었기 때문에 무엇이 제품의 진정한 가치인지, 어떤 제품이 자신에게 잘 맞는지도 이미 알고 있다. 그 결과 기업의 마케팅에 부화뇌동하지 않고 오히려 다양한 니즈를 적극적으로 발신하기도 한다.

또한 저성장기 소비자들은 자신에게 맞는 가치 소비를 추구한다. 소득이 향상되지 않기 때문에 충동 구매나 명품 소비를 자제하지만 좋아하는 제품이 있으면 아무리 비싸더라도 돈을 모아 구입하든지 아니면 값싸게 구입할 수 있는 방법을 찾아 손에 넣고야 만다.

또한 저렴한 물건을 선호하지만 저렴하다고 해서 마음에 들지 않는 제품을 함부로 사지도 않는다. 저렴하면서도 마음에 드는 제품, 저렴하면서도 저렴한 티가 나지 않는 제품, 자신만의 개성을 잘 표현할 수 있는 제품 등을 구매하는 것이다.

이 때문에 저성장기가 되면 소비자들은 10인 10색의 소비를 한다. 풍부한 제품 지식과 소비 경험을 바탕으로 모두가 자신에게 맞는 소비를 한다. 이러한 소비는 제각각이어서 하나의 패턴으로 잡히지 않는다. 특히 이들 소비자들은 제품이 가진 미세한 차이를 읽어내기도 하고 경우에 따라서는 제품이 만들어진 배경이나 그 제품을 만든 기업의 철학까지 음미하기도 한다. 이 때문에 고성장기와는 달리 저성장기에 기업들은 소비자에 대응하기가 매우 어려워진다.

03 새로운 유통 환경의 탄생

저성장기가 되면 소비자 대응뿐만 아니라 유통 대응 또한 대단히 어려워진다. 고성장기에 유통기업은 기본적으로 제조기업을 대행해 판매하는 대리점으로서의 역할을 수행했다. 시장이 성장하기 때문에 제조기업의 성장에 편승해서 같이 성장하는 전략을 선택한 것이다.

할인점도 말이 할인점일 뿐 실제로는 다양한 구색을 갖춘 대형 슈퍼였다.[20] 몇몇 상품은 할인한다고 대대적으로 선전했지만 이러한 상품은 어디까지나 미끼상품이지 주력상품은 제조기업의 희망가격을 거의 준수했다. 이렇게 해야 많은 이익을 챙길 수 있었고 이를 이용해 큰 건물에 화려한 매장, 높은 고객 서비스를 제공할 수 있었다.

가전 전문점은 대체로 높은 가격에 판매하는 것이 일반적이다.

　　가전 전문점들도 마찬가지였다. 좋은 입지에 큰 매장, 많은 종업원을 거느리다 보니 할인은 명목뿐이고 실제로는 높은 가격에 판매하는 것이 일반적이다.
　　이러한 경향은 백화점과 편의점, 홈쇼핑 등에도 모두 나타났다. 미끼상품의 대상이 된 일부 제조기업은 희생을 당했지만 대부분의 제조기업들에게는 판매 대리점으로서의 역할을 충실히 수행해주었다.
　　하지만 저성장기에는 더 이상 이러한 역할이 통하지 않는다. 소비자들은 한 푼이라도 더 저렴한 제품을 원하고 하나라도 더 가치있는 제품을 원한다. 또한 자신의 기호에 딱 맞는 제품을 원하고 자신을 적극적으로 대변해줄 수 있는 점포를 원한다.

그러면 이러한 시장 변화를 기회로 삼는 새로운 유통기업들이 탄생하게 된다. 소비자들의 가계 소득 감소에 맞추어 적극적으로 가격을 파괴하는 업태가 생겨나고 소비자들의 요구를 확실히 충족시켜줄 새로운 업태들도 생겨난다.

이들 업태들은 제조기업의 판매 대리점이길 철저히 거부하고 오로지 소비자들을 위한 구매 대리점이 되고자 한다. 이들은 변화된 소비자들의 편에 서서 소비자들이 원하는 제품을 찾아내 조달하는 역할을 수행하는 것이다.

이것이 보다 일반화되면 그간 판매 대리점 역할을 해온 기존의 유통기업들도 변심하지 않을 수 없다. 과거와 같은 역할로는 유통사 간 경쟁에서 더 이상 살아남을 수 없기 때문이다. 명목상에 불과했던 할인점이 실제적인 할인점으로 탈바꿈하며 전문점은 카테고리 킬러 형태로 변신하게 된다.

이렇게 되면 제조기업들이 유통기업에 대응하기가 매우 어려워진다. 우선 유통기업을 관리하는 것이 불가능에 가깝다. 유통사들은 희망소비자가격을 준수하지 않는 것은 물론이고 가격을 파괴한다. 또한 판매대를 마련해 적극적으로 판촉해주는 것은 고사하고, 제조기업이 직접 판촉해야 할 뿐만 아니라 판매대에서도 한순간에 치워지는 수모를 당해야 한다.

즉 역학관계가 뒤바뀌는 것이다. 갑이었던 제조기업이 유통기업의 을이 되는데 그것도 엄청난 힘의 격차가 있는 을이 되는 것이다. 그 결과 관리는 고사하고 유통기업에 관리당하는 존재로 전락하게 되는 것이다.

이러한 상황에서 제조기업은 과거와 같이 유통기업과 함께 신제품을 육성해가는 것은 꿈도 못 꾼다. 제조기업들은 오래도록 연구 개발한 다음 신제품을 시장에 내놓기 때문에 이 제품을 유통기업과 함께 어떻게든 육성해나가기를 원한다. 하지만 유통기업들도 더 이상 여유가 없다. 그들 또한 하루하루 생존하는 것이 핵심 과제이다 보니 내일 팔릴 제품보다는 지금 당장 팔릴 제품을 요구한다. 그 결과 히트상품을 만들 능력이 없는 기업들은 도태할 수밖에 없다.

살아남은 일부 기업들도 홈런성 신제품보다는 안타성 신제품을 투입하게 된다. 초대형 히트제품을 개발할 능력도 부족할뿐더러 역학 구조상 홈런성 신제품을 육성해갈 수도 없기 때문이다. 그럴 바에는 안타성 신제품을 투입해 그때그때 판매대를 확보하는 것이 더 유리하며, 때문에 안타성 신제품에 더 주력하게 된다.

그 결과 기업의 연구개발 능력도 함께 쇠퇴한다. 기업들은 더 이상 기초연구는 하지 않고 연구개발도 개량 수준에 머문다. 개량을 해서 계속 안타를 치면 좋겠지만 그렇지 않을 경우에는 이마저도 어렵다.

결국 일부 제조기업들은 하청이나 PB 전문 기업으로 전락하고 만다. 자사 브랜드를 포기하고 유통사가 원하는 제품을 생산해 공급하는 지위로 전락하는 것이다. 이것은 제조기업이 제조기업임을 포기하는 것이지만 제조 전문 특화기업으로라도 살아남기 위한 고육

한국 기업들도 PB 제품을 많이 만들어내고 있다.

지책이기도 하다.

물론 일부 제조기업들은 연구개발력도 강화하고 히트상품도 연발하면서 살아남는다. 하지만 이들 기업들도 다음에서 설명하는 바와 같이 고성장기와는 차원이 다른 기업 간 경쟁에 휩싸이게 된다.[21]

04
더 이상 우아한 경쟁은 없다

저성장기가 되면 기업 간 경쟁 양상도 고성장기와는 완전히 다른 모습을 보인다. 고성장기에는 시장 자체가 성장하기 때문에 기업들은 외형 성장에 치중한다. 판매 가격은 크게 떨어지지 않아서 판매량을 늘리는 쪽으로 노력하며, 판매량이 늘어나면 이익은 자연스럽게 따라서 늘어나는 경우가 많았다. 소위 양으로 승부했던 셈이다.

하지만 저성장기에는 이러한 공식이 더 이상 통하지 않는다. 우선 기업들 간의 가격경쟁으로 판매가격이 떨어지는 데다 시장 자체가 늘어나지 않기 때문에 매출 자체도 줄어들 수 있다. 이렇게 되면 기업들은 양으로 승부하기보다는 질로 승부하게 되고 매출보다는 이익을, 외형보다는 내실을 우선시하는 경영 방식으로 전환하게 된다.

문제는 이러한 경쟁 상황이 시시각각 변화한다는 데 있다. 고성장기에는 시장 전체가 커져서 기업들 간에 경쟁을 하더라도 상호 원원(win-win)하는 경쟁을 하기 쉽다. 서로 치열한 경쟁을 하더라도 시장 전체의 파이가 커지기 때문에 결국 서로가 얻어가는 부분이 늘어나기 때문이다. 이 때문에 어떤 학자는 이 기간 중의 경쟁을 '절차탁마형 경쟁'이라고 했다. 서로가 노력하는 가운데 배우고 또한 모두가 행복해지는 경쟁을 의미한다. 경쟁을 긍정적으로 보는 것이다.

사실 고성장기에는 작은 기업도 생존영역(domain)이 존재했다. 소위 체급별 경쟁을 했기 때문에 큰 기업은 큰 기업들끼리, 작은 기업은 작은 기업들끼리 경쟁했다. 큰 기업들은 시장에서 좋은 파이를 차지하지만 작은 기업들도 나름의 세분 시장을 차지하며 상호공존하는 경쟁 양태를 보였다.

이 때문에 경쟁의 결과에 대한 예측 가능성도 대단히 높았다. 경쟁에는 정해진 방식과 룰이 존재했기 때문에 상대방의 수를 읽을 수도 있었고 경쟁에 대응한 시나리오도 잡기 쉬웠다.

하지만 저성장기가 되면 경쟁의 양상은 일변한다. 시장의 파이 자체가 줄어들기 때문에 '원원형 게임'이 '윈루즈(win-lose)형 게임'으로 전환된다. 이기는 기업이 있으면 잃거나 죽는 기업이 생겨나는 것이다.

이 시기에는 더 이상 절차탁마형 경쟁과 같은 우아한 경쟁은 없다. 서로가 죽기 살기로 경쟁하는 것이다. 이 경쟁 속에는 체급별 경쟁도 없다. 큰 기업이든 작은 기업이든 죽기 살기로 경쟁하기 때문이다. 모두 진흙탕에서 뒤엉켜 싸우는 이전투구형 경쟁이 일반화된다.

이때는 경쟁의 예측 가능성도 훨씬 줄어든다. 큰 기업이라도 '아차' 하는 순간에 시장을 잃을 수 있고 조금만 방심했다가는 시장에서 가차 없이 탈락한다.

일본의 경우 고도 경제성장기에는 일본 기업 특수론을 주장하는 경우가 많았다. 경쟁보다는 협력을 우선시하는 것이 일본 기업이라고 보았고 이를 토대로 동반성장이니 상생협력이니 하는 개념도 만들어졌다. 또한 경쟁 자체도 미화되어 학습으로서의 경쟁이나 시장지위별 경쟁, 집단적 경쟁 등의 개념도 만들어졌다.

하지만 저성장기를 거치면서 이런 이야기는 싹 없어졌다. 이전투구형 경쟁이 일반화되었고 목을 베어가는 경쟁(cut-throat competition)이 일반화되었다. 일부 기업들은 이에 반발하며 일본식 경영을 사수하려고 노력했지만 오랜 저성장은 이마저도 허용하지 않았다. 그 결과 일본 기업 특수론은 없어지고 서구의 보편화된 이론으로 일본 기업을 설명하는 흐름이 보다 일반화되었다.

05 머리끝부터 개조하라

저성장기에는 소비자나 유통 환경, 경쟁 등이 고성장기와는 판이하게 다른 양상을 보이기 때문에 거기에 맞추어 경영자들의 발상 또한 바뀌어야 한다. 문제는 이것이 대단히 힘들다는 것이다.

일본의 경우 저성장기에 경영자들의 발상을 바꾸는 것이 제일 힘들었다. 다른 무엇보다 경영자들 대부분은 일본의 고도 경제성장기를 경험했기에 좀처럼 저성장기의 도래를 현실로 받아들이지 않았다. 특히 일본은 1950~1980년대에 걸쳐 계속해서 성장해왔기 때문에 성장에 관한 관성이 몸에 배어 있었다.

이러한 요인들이 기업을 변혁하는 데 큰 장애 요인이 되었다. 오죽하면 경영자들 사이에 '성공은 실패의 어머니'라는 금언까지 생겨났을까. 이것은 그들이 어린 시절에 배웠던 '실패는 성공의 어머니'

'하면 된다'라는 기업가 정신으로 성공했던 현대 그룹

라는 금언을 거꾸로 한 것이다. 성공에 취해 실패를 거듭하는 자신들의 모습을 경계하기 위한 것이다.

하지만 한국도 일본과 크게 다르지 않다. 오히려 심하면 심했지 덜하지는 않다. 한국의 경영자들은 제로에 가까운 상태에서 출발해 오늘날과 같은 번영을 이룩했기 때문이다. 또한 '하면 된다'라는 일념으로 엄청난 어려움을 극복하며 일본의 경영자들보다 더 큰 성공 신화를 이룩했기 때문이다.

이들 경영자들에 비하면 요즘 한국 젊은이들은 저성장을 쉽게 이해한다. 상상을 초월하는 취업경쟁을 눈앞에 두고 있는 그들은 엄청난 학벌에 뛰어난 학점, 완벽한 외국어 실력에도 불구하고 수십

여 군데에 지원해야 겨우 한두 군데 면접을 볼 기회를 얻는다. 하지만 면접을 통과해 입사하는 것도 하늘의 별 따기이고 입사하더라도 인턴이나 비정규직인 경우가 허다하다.

더구나 젊은 세대들은 앞으로 삶이 더 좋아질 것이라는 희망도 크게 없다. 경제가 성장하리라는 기대도 크지 않고 월급이 오르리라는 기대 또한 크지 않다. 열심히 일하면 곧 자기 집을 가질 수 있으리라는 기대 또한 작다.

일부에서는 이들 세대를 '달관세대'라고 부르지만 오히려 이들은 스스로를 '쪽박세대'라고 한다. 경제가 어려워 제대로 벌지도 못하는 데다 미래 전망도 좋지 않은 세대라는 것이다. 특히 이들은 점차 고령화되는 앞 세대를 부양까지 해야 하는 부담을 업고 있다. 이들은 저성장의 고통을 태생적으로 가지고 있는 것이다.

이에 비해 현 기업의 간부와 경영진들은 요즘 젊은 세대와 완전히 다른 세대다. 어린 시절 고생은 했지만 대학을 나오면 웬만한 기업에는 쉽게 취직할 수 있었다. 이들이 서울대학교를 졸업하고도 취직을 잘 못한다는 사실을 어떻게 이해하겠는가? 사법시험을 합격하고도 취직할 곳이 없다는 것을 어떻게 납득하겠는가?

또한 이들은 어려움 속에서도 노력만 하면 번듯한 집 한 채 정도는 장만할 수 있었던 세대다. 경제가 계속 성장했기 때문에 잘만 하면 집값이 크게 올라 재산을 불릴 수도 있었고, 주식 투자를 잘해서 기분 좋게 후배들에게 밥도 사줄 수 있었던 세대다.

어떤 학자는 이들 세대를 '낀 세대'라고 이름 붙이기도 했다. 부모

황금세대와 쪽박세대

	황금세대	쪽박세대
출생연도	1955~1969년	1984~1993년
대학 진학률	25%	70%
대학 등록금	110만 원	650만 원
취업 시기	20~25세	25~30세
평균 경제성장률	12.0%	3.0%
압구정동 집값	3000만 원	12억 원

에게는 효도했지만 자식들에게는 효도를 받지 못하는 세대이고, 또한 자식들 교육 때문에 자신들의 노후도 제대로 준비 못한 세대라는 뜻에서 붙인 이름이다. 하지만 쪽박세대의 입장에서 보면 오히려 이들 세대는 황금세대로 보인다. 젊었을 때야 고생을 조금 했지만 경제성장의 혜택을 모두 향유한 세대라는 것이다.

황금세대들은 저성장을 좀처럼 받아들이지 못한다. 지금의 저성장은 저성장이라기보다는 한동안 이어지는 불경기로 해석해버린다. 경기에는 불경기와 호경기가 있듯이 지금의 불경기를 잘 버티면 언젠가는 호경기가 오리라고 믿는다. 이들이 어떻게 20년간 지속된 일본의 저성장을 이해하고 어떻게 판매단가가 20년간 계속해서 하락하는 것을 이해할 수 있겠는가?

또한 이들은 저성장기를 받아들이는 자세 자체를 소극적인 태도 내지는 정신력 부족으로 질타한다. '하면 된다'라는 강인한 정신력으로 수많은 난관을 돌파해왔기에 저성장쯤이야 전혀 문제가 없다고 생각한다.

물론 그럴 수는 있다. 하지만 저성장기는 고성장기와는 완전히 다른 양상을 지니고 있고, 이는 지금까지 한 번도 경험해보지 못한 새로운 상황이다. 이 난국을 돌파하기 위해서는 우선 현실을 보다 객관적으로 이해하고 직시하는 게 중요하다.

저성장기의 생존 전략은 발상의 전환에서부터 시작되어야 한다.

6장

시장 생존 전략 1

해외시장을 개척하라

01 해외 수출의 한계

 대한민국 기업이 생존하기 위해선 빨리 과거의 경험을 떨쳐버리고 저성장을 받아들여야 한다. 그리고 이에 대한 대응 전략을 수립해야 한다. 이 경우 가장 쉽게 떠오르는 전략이 바로 해외시장 개척이다. 국내시장이 저성장의 나락에 떨어지니 해외에서 새로운 시장을 찾아나서는 전략이다.

 해외시장 개척 전략 중 하나가 수출이다. 한국에서 제품을 만들어 해외시장에 내다 파는 것으로, 수출은 일찍부터 한국이 취한 경제성장 전략이었다. 해방 후 남북한이 대립하는 상황에서 모두가 북쪽만 쳐다보며 남북통일을 외쳤지만 한국전쟁과 그 이후 이어진 남북대립 속에서 통일이 매우 어렵다는 사실을 직시하기 시작했다. 이때 발상의 전환이 일어났다. 대한민국을 대륙국가로 인식하기보다는 해양국가로 인식한 것이다.

우리는 남북이 분단하는 시점까지 대륙국가의 일부로 생각해왔었다. 삼국 통일도 그렇고 고구려를 계승한 고려도 마찬가지다. 특히 조선은 유학을 기반으로 중국과의 관계를 최우선시했다.

하지만 일제 침략과 분단을 경험하면서 대륙국가로 우리를 인식하는 것은 시대에 뒤떨어졌고 실현하기 대단히 어려운 인식이라는 것을 깨닫기 시작했다. 그리고 이러한 인식을 바탕으로 한국은 해

해양 국가 한국의 발견

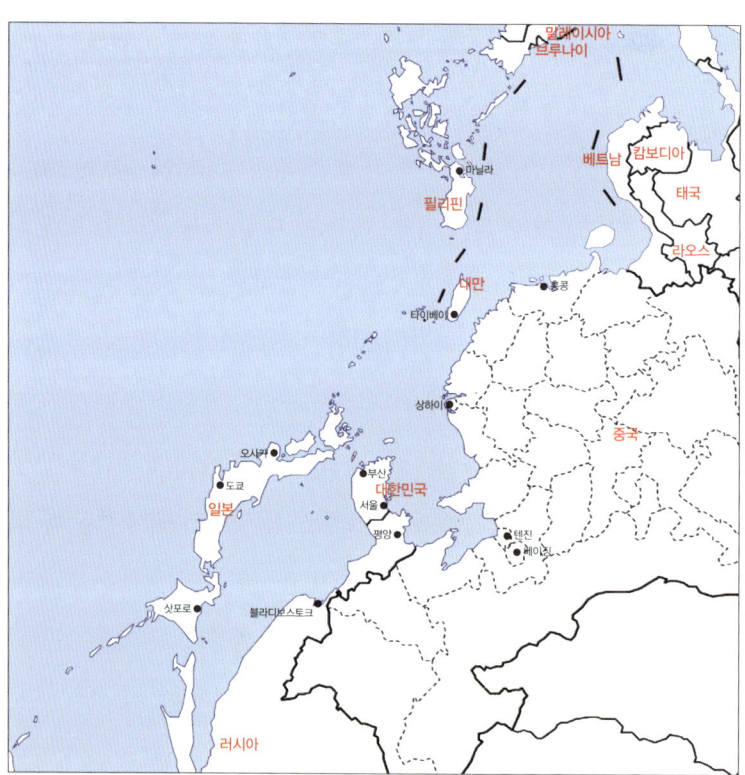

양국가로 자리매김하기 시작했다.

거꾸로 된 지도는 이러한 인식의 한 단면을 보여준다. 한국을 북한으로 꽉 막힌 대륙국가의 끝자락이 아니라 중국과 일본을 끼고 태평양을 바라보는 해양국가로 인식하기 시작한 것이다.

이러한 인식은 일본이 먼저 했었다. 일본은 메이지유신(明治維新)을 통해 쇄국 정책을 포기한 것과 동시에 아시아를 벗어나 서구의 일원이 된다는 '탈아입구(脫亜入欧)'라는 새로운 세계관을 가지게 되었다. 조선과 중국을 쳐다보는 아시아 국가에서 바다 건너 유럽과 교류하는 서구 국가의 일원으로 거듭나려는 것이었다. 물론 한동안 제국주의의 길로 들어서서 쓰라린 경험을 맛보았지만 패전 후 다시 일어선 후에는 수출입국을 기치로 눈부신 발전을 이룩한 것이 일본이었다.

이 일본을 벤치마킹하면서 경제개발을 시작한 것이 한국이었다. 경공업 제품 수출에서 시작해 중화학공업 제품, 전기전자 제품 등으로 이어지는 수출이 한국을 부유하게 만들었다. 그 결과 2011년에는 세계에서 9번째로 무역 1조 달러를 달성하는 쾌거를 이룩하기도 했다.

하지만 이러한 성장 전략을 잽싸게 따라 한 것이 중국이었다. 중국은 덩샤오핑 주도의 개혁개방정책을 추진하면서 경제특구를 중심으로 수출에 힘썼다. 이제는 조선, 철강, 석유화학, 전기전자 등 전 업종에 걸쳐서 한국을 위협하는 국가로 성장했다. '차이나 쇼크(China Shock)'는 해양국가로 발상의 전환을 이룩한 중국에 의한 경제

덩샤오핑 주도로 개혁개방정책을 추진한 중국

적 위협을 상징하는 단어이기도 하다.

하지만 차이나 쇼크는 이제 시작에 불과하다. 범용품을 중심으로 한국 기업들을 따라잡기 시작한 중국 기업들은 곧 첨단 제품에서까지 한국 기업들을 따라잡기 시작할 것이고 그 영향은 보다 강력하고 보다 광범위할 것이다.

여기에 가장 큰 타격을 받는 것이 한국의 수출품이다. 중국 기업들은 한국 기업과 비슷한 제품을 더 싼 가격에 만들어 수출하고 있다. 인건비나 물류비 등이 더 저렴하기 때문이다. 또한 노동 규제나

환경 규제와 같은 여러 가지 규제에서 자유롭기 때문에 한국 기업들보다 더 신속하고 더 저렴하게 해외 고객들의 요구를 충족시켜주고 있다.

물론 저성장기로 가면 환율 면에서 혜택은 있다. 중국 경제가 앞으로도 계속 성장하면 위안화가 절상되고 반대로 한국 경제가 저성장기에 돌입하면 원화가 절하되는 측면이 있다. 이 때문에 환율 측면에서는 한국 기업이 중국 기업에 유리할 수 있다.

하지만 문제는 환율의 변동성이다. 일본의 경우처럼 경제 전체가 약화되면 해외 변수에 더 민감하게 환율이 반응하게 된다. 특히 한국처럼 경제 규모가 일본보다 작은 국가는 환율의 변동성이 더욱 커지게 된다.

기업들에게는 이것이 더 큰 부담이다. 기업이 사업을 하는 데는 환율의 상대적 격차도 중요하지만 환율의 예측 가능성 또한 중요하다. 예측이 가능하면 환 헤지(hedge) 등을 통해서 대응책을 마련할 수 있기 때문이다.

실제로 일본 기업들은 잃어버린 20년 동안 환율 변동에 크게 흔들렸다. 전반적인 엔저 속에서도 중간중간 터져 나오는 엔화의 변동으로 큰 어려움을 겪었다. 1995년에는 1달러당 85엔으로 급락했고 1999년에는 122엔대에서 102엔대로 급락(달러 대비 엔화가치 상승)하는 고통을 겪어야 했다. 특히 2008년도의 엔고는 저성장의 고통에 허덕이던 일본 기업들을 빈사 상태로까지 몰아넣었다. 일본을 대표하는 도요타자동차조차도 환차손만으로 12조 원대에 이르는 영업손실을 보아야 할 정도였다.

　이처럼 환율의 변동성을 회피하면서 과도한 인건비 부담이나 규제, 경쟁 등을 피할 수 있는 또 다른 방법이 해외진출이다.

02 현지화와 표준화 사이

수출 다음으로 해외시장을 개척하는 방법이 해외진출이다. 해외에 공장을 만들거나 사업체를 두고 해외시장을 적극적으로 개척하는 전략이다.

최근 한국의 간판기업인 삼성전자와 현대기아자동차는 적극적으로 해외에 진출하고 있다. 삼성전자는 중국 시안과 베트남 하노이에 대규모 공장을 건설했고 현대기아자동차도 중국과 멕시코에 대규모 공장을 건설했다. 정부는 국내 고용창출을 내세워 이들 기업들의 해외진출을 막아보기도 했지만 이들 기업들은 생존을 위해 해외진출을 선택했던 것이다.

한류 붐의 큰 수혜기업 중 하나인 아모레퍼시픽도 상하이에 대규모 공장을 건설했다. 소형 프리미엄 화장품이라 얼마든지 국내에서

적극적으로 해외에 진출하고 있는 한국 간판기업 현대기아자동차

생산해 수출할 수 있었지만 아예 현지에 공장을 세우고 이를 통해 중국과 동남아시장 등을 개척하는 전략을 선택했다.

　대기업만 해외시장에 진출하는 것은 아니다. 중견기업과 중소기업까지 적극적으로 해외시장으로 진출하고 있고 내수업종이라 여겨졌던 유통기업들마저 중국이나 동남아시장 등에 적극적으로 진출하고 있다. 소위 '한국 탈출'이라는 말이 회자될 정도로 기업들이 앞다투어 해외시장에 진출하고 있는 것이다.

하지만 해외진출이 항상 성공을 보장하지는 않는다. 최근 중국시장만 보더라도 실패한 기업들이 많다. 롯데는 1000억 원 이상 누적 적자를 기록한 뒤 인타이그룹과의 합작을 청산했고 LG도 일부 전자사업의 축소를 검토했다. 또한 SK그룹은 오랜 기간 동안 중국시장에 공을 들였지만 제대로 성과를 내는 사업이 별로 없고 두산인프라코어와 금호타이어는 한순간의 성공에 자만하다가 지금은 고전을 면치 못하고 있다.

대기업만 이런 것이 아니다. 중견기업과 중소기업 중에는 사업에 실패하자 야반도주하여 중국 내에서 큰 사회 문제를 야기한 경우도 있다.

해외시장에서의 실패 사례는 비단 한국 기업들에만 국한된 것은 아니다. 저성장기에 '일본 탈출'을 외치며 해외로 나간 많은 일본 기업들도 쓰라린 실패를 경험했다. 그 이유는 무엇일까?

해외진출에는 여러 가지 전략이 있겠지만 그중 가장 중요한 전략이 현지화(localization)와 표준화(standardization) 전략이다. 현지화란 제품이나 광고 등을 해외시장에 맞추어 수정하는 전략을 말하고, 표준화란 해외시장에 맞추기보다는 역으로 글로벌 표준으로 해외시장을 공략하는 전략이다.

애플은 아이폰 하나를 가지고 전 세계 시장을 공략하고 광고도 기본 포맷을 표준화한 뒤 언어만 각국의 언어로 설명하는 전략을 취했는데 이것이 표준화 전략의 전형적인 예다. 이와는 반대로 삼성전자는 갤럭시의 형태를 시장마다 달리하고 광고 또한 시장마다 다른 광고를 내보내는데 이는 현지화 전략의 전형적인 예다.

표준화 전략은 기본적으로 '효율'을 강조한다. 제품과 광고를 표준화함으로써 규모의 경제를 살려 비용을 절감하는 전략이다. 애플의 평균 영업이익률이 30%를 웃도는 이유도 글로벌 표준화 전략을 채택하고 있기 때문이다.

반면 현지화 전략은 기본적으로 '효과'를 강조하는 전략이다. 효율은 떨어지지만 제품 등을 현지화함으로써 각 시장에서의 적합도를 높이는 전략이다. 삼성전자의 영업이익률이 애플보다 낮지만 시장점유율은 애플보다 높은 것은 바로 현지화 전략을 사용하고 있기 때문이다.

물론 효과와 효율을 동시에 달성하는 것이 기업의 해외진출 전략에 가장 이상적이다. 〈해외진출 전략〉 그래프에서 그래프 I와 같이 표준화와 현지화의 중간 입장을 취하는 전략이 가장 이상적이다. 하지만 현실적으로 표준화와 현지화를 동시에 달성하기란 대단히 힘들다. 표준화와 현지화는 상호대립하는 측면이 있기 때문이다. 하나를 얻으려면 다른 하나를 포기해야 하는 것이다. 이 때문에 현실적으로 기업들은 그래프 A나 그래프 K의 길을 선택하게 된다.

그래프 A는 초기에 표준화를 바탕으로 해외시장에서 이익을 확보한 뒤, 이 이익을 바탕으로 조금씩 현지화하면서 이상적인 그래프 I에 접근하는 길이다. 반면 그래프 K는 초기에는 이익을 희생하더라도 현지화를 적극 추진하며 시장에서의 적합도를 높인 뒤, 나

중에 점차적으로 효율을 높여가면서 이상적인 그래프 I에 접근하는 길이다.

일반적으로 그래프 A와 같은 길은 서구의 다국적 기업들이 많이 선택하는 길이다. 애플이나 마이크로소프트, P&G와 같은 서구의 다국적 기업들은 브랜드 파워를 바탕으로 처음부터 효율 중심 전략을 선택한다. 이에 비하면 삼성전자와 같은 제3세계 기업들은 그래프 K와 같은 현지화 전략을 많이 활용한다.

그러나 저성장기 일본 기업들은 표준화 전략으로 많은 실패를 경험했다. 일본 기업들이 표준화의 길을 선택하게 된 데는 여러 가지 이유가 있었다. 하나는 1960년대 후반부터 근 30년간 세계시장

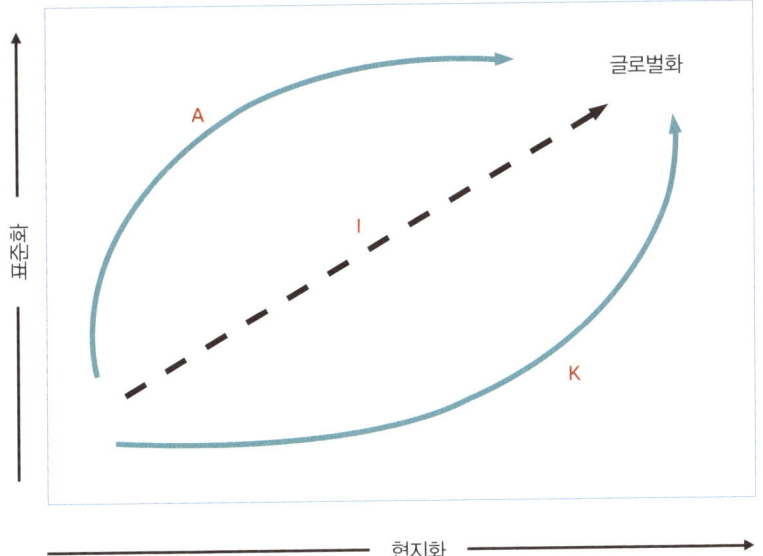

해외진출 전략

효율 중심 전략을 구사한 애플(좌)과 마이크로소프트(우)

을 석권하다 보니 그 성공에 도취되어 서구의 다국적 기업과 같은 브랜드 파워를 지니고 있다고 착각한 데 하나의 원인이 있었다. '재팬'이라 하면 세계 어디서든지 통한다는 착각에 빠진 것이었다.

하지만 실패의 가장 큰 이유는 저성장기에 서둘러 해외시장에 진출했기 때문이다. 저성장기에 해외에 진출하다 보니 기업들이 여유가 없어서 처음부터 효율을 중시하는 방식을 택했다. 공장을 세워도 일본의 생산설비를 그대로 이전해 투자비를 절감하려고 했고 현지 판매에서도 광고비를 절약하면서 신속히 매출을 올리고자 했다.

하지만 아무리 일본 제품이라고 하더라도 현지 소비자들의 기호에는 안 맞을 수 있고 경우에 따라서는 일본 제품에 대한 인식 자체가 낮을 수도 있다. 그 결과 초기 투자가 충분하지 못하니 시장 반응이 시원치 않았고, 시장 반응이 좋지 않다 보니 다시 투자를 줄이는 악순환에 빠졌다. 또한 저성장기에 급히 진출하다 보니 현지 시장조사도 불충분했고 준비 또한 철저하지 못했다.

특히 일본 기업의 경우 해외 전문 인력에도 문제가 있었다. 해외 진출 시 해외 전문 인력을 체계직으로 육성할 필요가 있었다. 하지만 저성장기에 서둘러 진출하다 보니 교육도 엉성하고 현지 육성도 불충분했다. 이런 상황에서 해외사업이 성공할 리가 없었다.

더 큰 문제는 한 번의 실패도 좀처럼 받아들이지 않는 일본 기업의 문화였다. 성과가 나쁜 주재원들은 금방 불러들이고 문책성 인사로 엉뚱한 부서로 배치시키는 경우가 비일비재했다. 그 결과 일본 기업 직원들은 해외를 가면 안 되는 기피 지역으로 간주했고 이와 함께 실패에서 얻는 귀중한 교훈도 사장되어버렸던 것이다.

03 해외진출에 성공하는 3가지 조건

우리나라 기업이 일본 기업과 같은 실패를 밟지 않기 위해서는 몇 가지 사항을 염두에 두고 해외시장에 진출해야 한다.

하나는 저성장에 본격적으로 접어들기 전에 해외시장에 진출해야 한다는 점이다. 일본 기업처럼 저성장에 들어간 후 부랴부랴 해외시장에 진출하면 성공할 확률이 대단히 낮다. 아직 여유가 있을 때 미리미리 해외시장으로 나가야 한다.

그러면 해외진출에도 많은 도움이 된다. 특히 환율 면에서 이익이 대단히 크다. 저성장에 빠져들면 경제 체력이 약해지기 때문에 당연히 원화 환율은 약세로 전환된다. 그러면 현지 투자 금액은 환율의 약세만큼 줄어든다.

일본 기업들은 환율이 강세일 때는 수출이 안 된다고 불평하다가 저성장기가 되어 환율이 약세로 돌아선 후에 해외로 진출하면서 역으로 환율 약세를 불평했다. 이러한 잘못을 한국 기업들은 반면교사로 삼아 환율이 강세인 지금 해외에 진출해야 한다.

또 하나는 시간 여유를 두고 준비해야 한다는 점이다. 어떠한 나라에 진출하더라도 한국과는 완전히 다른 시장이다. 이 때문에 충분한 시간을 가지고 진출을 준비해야 한다.

준비할 때 중요한 것이 3가지다. 첫 번째는 현지시장을 철저히 조사해야 한다. 현지시장을 이해하지 못하면 해외진출은 절대 성공할 수 없다.

두 번째는 인재다. 현지 상황을 파악하고 사업을 성공시킬 수 있는 인재를 확보해야 한다. 보통 해외 인재라고 하면 현지어를 잘할 수 있는 인재를 생각하는 경우가 많다. 하지만 언어는 하나의 수단이다. 이 부분을 간과해서 크게 실패한 기업이 초기 중국에서 큰 실패를 경험한 삼성전자다. 당시 삼성전자는 중국어를 잘하는 사원을 뽑아 중국에 파견했지만 1조 원에 가까운 손실을 기록했다.

이에 삼성전자는 방향을 수정해 국내에서 일 잘하는 인재를 선발해 중국에 파견했다. 중국어는 전혀 못해도 영업을 잘하고 관리를 잘하는 인재들을 선발했던 것이다. 그러고는 3개월간 기초 중국어를 가르친 뒤 중국에 파견했다. 중국에 파견한 뒤에도 1년간은 통역사를 배치해 중국어를 집중적으로 공부할 수 있는 기회를 주었고, 1년 뒤에는 통역 없이 일을 하게 했다. 그 결과 중국 사업이 흑자로 전환되었다. 삼성전자는 이를 '1조 원의 교훈'이라고 한다.

중국 현지 진출 시 '1조 원의 교훈'을 얻었던 삼성전자

삼성의 지역 전문가 제도도 마찬가지다. 이는 해외의 특정 지역에 파견해 자유롭게 생활하게 함으로써 현지 전문가로 성장시키는 제도인데 선발 기준 중 가장 중요한 것이 기존 업무 능력이다. 현재 맡고 있는 일을 잘하는 사원이 현지 적응도 잘하고 언어 습득도 잘한다. 이것이 현지 전문가를 육성하는 데 가장 중요한 기준이다.

해외시장에 진출할 때 세 번째로 준비해두어야 할 것은 경쟁력 있는 기술과 제품이다. 이것 없이 해외로 진출하는 것은 총 없이 전쟁터로 나가는 것과 같다. 소위 '무데뽀'다.[22] 한국인은 '하면 된다'는 정신으로 막무가내로 밀어붙이는 경우가 많은데 이것은 국내에서나 통하는 이야기다. 물론 해외에서도 돌발변수가 많아 '무데뽀'로 성공하는 경우도 있지만 이것은 정말 운이 좋은 경우다.

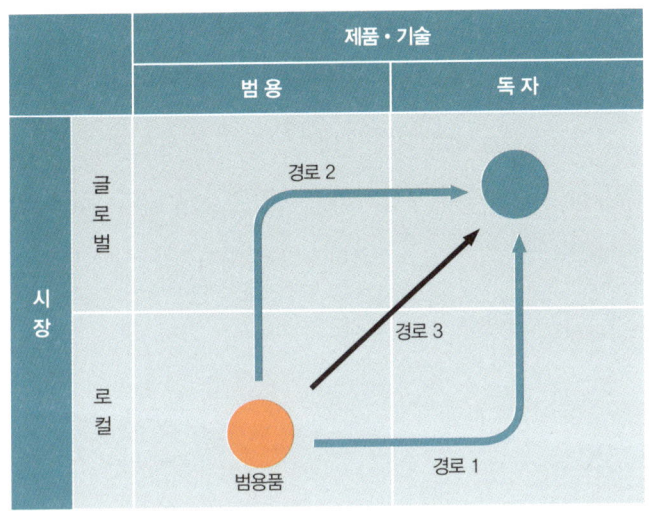

중소기업의 해외진출 성공 경로

〈중소기업의 해외진출 성공 경로〉를 보면 초기에는 평범한 범용 제품으로 사업을 시작하지만 이 기업들이 해외로 진출할 수 있는 길은 경로 1과 경로 2와 경로 3이 있다. 이 중 커다란 성공을 거둔 기업들은 독자적인 기술과 제품을 축적한 뒤 해외시장으로 진출하는 경로 1을 주로 택했다. 이처럼 국내시장에서 미리 경쟁력 있는 기술과 제품을 준비해두어야 해외진출 시 큰 성공을 보장받는다.

위와 같은 준비를 한 뒤 해외시장에 진출하면서 철저히 현지화하는 전략을 취해야 한다. 그래프 K의 길을 선택해야 하는 것이다. 초기에는 효율이 안 나더라도 철저하게 시장에 맞추려는 전략을 선택한 뒤 시장의 반응을 획득하면서 차츰 효율을 높이는 전략을 선택해야 한다.

이 길을 선택하면 장기전을 각오하고 해외시장에 진출해야 한다. 손익분기점만 보더라도 오랜 기간이 소요된다. 일본 기업의 경우 국내시장에서 새로운 사업이 이익을 내기 시작하는 것을 '진출 뒤 평균 3년'으로 보았지만 해외사업에서는 평균 12년이 소요되었다. 즉 4배나 더 긴 시간이 소요되었다. 이 때문에 해외시장에 진출할 때에는 처음부터 장기전을 각오하고 진출해야 하는 것이다.

04 가설 검증으로 실패 확률을 낮춰라

 마지막으로 중요한 것이 시행착오에서 제대로 배워야 한다는 것이다. 국내시장에서 신규 사업에 진출할 때도 수많은 난관에 부딪히게 되는데, 해외사업은 이루 말할 수 없다. 이것을 하나둘 해결해나가야 성공에 접근할 수 있다.
 이때 중요한 것이 끊임없는 가설 검증 작업이다. 현지에서 먼저 새로운 일을 시도할 때는 현지에 맞는 가설을 세운 뒤 이를 실행해본다. 이 경우 가설대로 되는 경우도 있지만 가설과는 다른 결과가 나올 수도 있다. 그러면 왜 이런 결과가 나왔는지를 분석한 뒤 새로운 가설을 만들어 실행해본다. 이와 같은 작업을 무수히 반복하면서 한 단계 한 단계 성공을 향해 나아가는 것이다.
 이렇게 보면 한순간의 실패는 큰 문제가 되지 않는다. 그보다는 왜

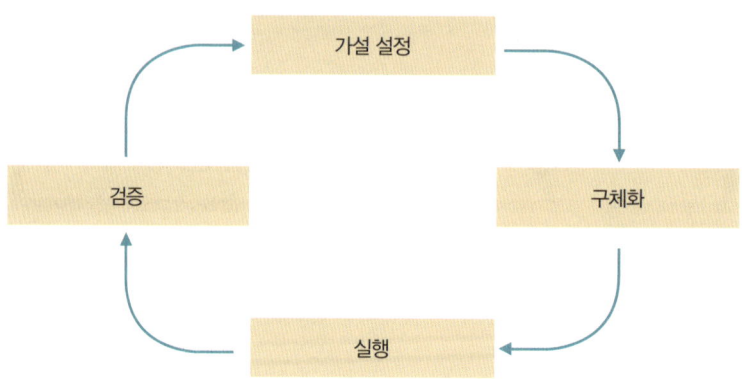

실패했는지, 초기 가설이 잘못되었던 것인지 아니면 실행에 문제가 있었던 것인지 규명하는 것이 중요하다. 또한 그 문제가 조직이나 개인의 문제인지 아니면 해외시장 고유의 문제인지 등을 규명해가는 것이 중요하다. 이것을 '실패학습'이라고 한다. 많은 일본 기업들이 이 학습을 제대로 하지 않은 채 개인의 잘못으로만 간주하다 보니 경험이 축적되지 못해 해외사업에서 계속 실패했던 것이다.

해외사업은 불확실성이 짙어 많은 기업들이 실패를 경험한다. 하지만 끊임없이 가설을 검증하고 실패를 학습해가면서 한 단계 한 단계씩 성공에 접근해야 한다.

이처럼 해외시장 개척은 저성장기 대응 전략 중에 가장 먼저 생각할 수 있는 전략이다. 하지만 실패 확률이 대단히 높은 전략이며 또한 성공하기까지 오랜 기간이 소요되는 전략이기도 하다. 이 사실을 깊이 명심하고 해외시장에 나서야 한다.

7장

시장 생존 전략 2

기존 시장을
사수하라

01
두 마리 토끼를 잡아라

저성장 대응 전략이라고 하면 대부분의 기업들은 기존 시장보다는 새로운 성장시장에 주목한다. 기존 시장은 정체나 쇠퇴가 예상되기 때문에 새로운 성장시장을 찾아 국내외를 뒤진다. 특히 한국 탈출을 외치며 해외의 성장시장을 찾아나서기 일쑤다. 하지만 저성장기의 생존 전략 중 가장 중요한 것이 기존의 국내시장을 사수하는 전략이다. 그 이유는 크게 2가지다.

하나는 새로운 성장시장을 개척하는 데 많은 시간과 자원이 필요하다는 것에 있다. 신규 시장 조사부터 공장 건설, 설비 투자, 채용, 시장 개척 등에 많은 투자가 필요한데, 이러한 투자를 위한 자본은 기본적으로 기존 시장에서 나온다. 기존 시장에서 소위 종잣돈이 나오고 기존 시장에서의 인력을 활용해 신규 시장을 개척하는 것이다.

더구나 신규 시장에 안착해 이익이 나기까지는 많은 시간이 소요된다. 국내시장의 경우 산업에 따라 다르겠지만 단일 연도에 이익이 나기까지 평균 3년이 소요되는데 이 기간 중의 투자금은 대부분 기존 시장에서 나온다. 더구나 누적 적자가 모두 해소되는 데는 추가적으로 더 많은 시간이 필요하다.

특히 개척해야 할 신규 시장이 해외시장이라면 투자금은 더욱 커진다. 국내시장보다 불확실성이 더 커지기 때문이다. 투자 기간도 더 길어지고 실패 확률 또한 더 높아진다.

저성장기의 일본 기업들은 이를 등한시하다가 큰 타격을 받았다. 1990년대 초반에는 엔고를 활용해 해외로 나갔고 2000년대 후반에는 6중고 때문에 해외시장으로 뛰쳐나갔다. 하지만 해외시장에서 겪는 어려움 때문에 회사 전체가 휘청거려서 눈물을 머금고 철수하거나 사업을 축소하는 기업들이 많았다. 해외사업이 국내의 기존 사업보다 훨씬 어렵다는 상식적인 깨우침을 얻는 데 너무 많은 수업료를 지불했던 것이다.

기존 시장 사수가 저성장기 대응 전략으로 중요한 또 다른 이유는 기업에게 가장 친숙한 시장이라는 점이다. 기존 시장은 기업이 가장 잘 아는 시장이고 그간 힘들여 개척해놓은 시장이다. 이 시장을 고수하는 전략이 기업에게는 가장 수월하다.

문제는 이 시장을 고수하는 것조차도 대단히 힘들다는 데 있다. 고성장기에는 시장을 고수하는 것이 정체 내지 실패라고 보았지만 저성장기에는 전혀 다르다. 시장 자체가 정체 내지 역성장하는 데다 다른 기업들이 필사적으로 달려들기 때문이다.

저성장기에는 기존 시장을 고수하는 전략조차도 버겁다. 이 때문에 '고수'보다는 '사수'가 더 적합한 말이다.

02 강력한 시장 지위를 구축하라

그렇다면 저성장기에 기존 시장을 사수하기 위해서는 어떻게 해야 되는가? 2단계 전략을 구사해야 한다.

1단계 전략은 얼마 남지 않은 골든타임에 강력한 시장 지위를 미리 구축해두는 것이다. 2등 기업이라면 신속히 1등 지위를 확보해두어야 하고, 1등 기업이라면 2등 기업과의 격차를 더욱 벌려서 압도적인 시장 지위를 확보해두어야 한다.

이를 위해서는 광고나 마케팅 투자도 보다 적극적으로 해야 한다. 또한 고객과의 관계도 더욱 강화해야 한다. 일본의 비디오 대여 기업인 츠타야는 구매 포인트 제도를 강화함으로써 기존 고객들을 철저히 끌어안는 정책을 추진했다. 이것이 저성장기 내내 회사의 큰 자산이 되었다.

구매 포인트 제도로 기존 고객을 끌어안은 비디오 대여 기업 츠타야

유통기업과의 관계도 마찬가지다. 기존 유통기업과는 전략적 파트너십을 맺어 관계를 더욱 돈독히 하고 새롭게 대두되는 유통기업이 있으면 지금부터라도 좋은 관계를 맺어두어야 한다. 일본의 제조기업들이 대형 유통기업과 맺어둔 전략적 동맹은 저성장기에 경쟁을 차단하고 매출을 유지하는 데 뛰어난 역할을 했다.

하지만 일본 기업의 경우 강력한 시장 지위를 확보하기 위해서는 경쟁력이 없는 사업이나 제품을 버리는 것이 대단히 중요했다. 경쟁력이 없는 부문을 끌어안고 있어봐야 시장 지위를 확보하는 데 도움은커녕 어려움만 가중시킨 경우가 많았기 때문이다.

오히려 경쟁력이 없는 부문을 과감히 버림으로써 경쟁력이 있는 부문에 역량을 집중할 수 있다. 선택과 집중을 기치로 가능성 있는 부문에 집중적으로 투자를 하거나 새로운 기업을 적극적으로 인수 합병해 몸집을 불려놓아야 한다.

이렇게 시장 지위를 강화해두면 본격적인 저성장기의 소모적인 경쟁 속에서 그나마 유리하게 전략을 전개할 수 있다.

한국의 경우 아직은 본격적인 저성장기가 아니다. 생산가능인구가 줄고 저성장기에 본격적으로 돌입하기까지 3~4년의 시간이 남아 있다. 이 남겨진 짧은 골든타임에라도 적극적으로 기존 시장을 공략해 강력한 시장 지위를 구축해두어야 한다.

이 전략은 동물들이 겨울철을 앞두고 가을에 체력을 한껏 비축해두는 것과 동일한 전략이다. 가을에 부지런히 체력을 비축해두면 추운 겨울에도 살아남을 수 있기 때문이다. 특히 겨울이 곧 닥칠 것이라는 것을 모르는 기업도 아직 있기 때문에 이 기회를 잘 활용해야 한다.

03 양적 성장에서 질적 성장으로

 2단계 전략은 먼저 전략의 방향을 수정하는 것이다. 본격적인 저성장기가 도래하면 전략 방향을 양적 성장에서 질적 성장으로 전환해야 한다.
 저성장기에는 매출을 늘리려 해도 시장 자체가 성숙하거나 쇠퇴하기 때문에 좀처럼 매출을 늘릴 수 없다. 오히려 매출을 늘리려는 노력은 출혈적인 경쟁만 야기시키며 기업 이익만 축내는 결과를 초래한다. 이 때문에 기업은 양적 성장 위주의 전략에서 이익 중심의 질적 성장 위주의 전략으로 기조를 바꾸어야 한다.
 다만 매출을 포기하고 이익만 추구하다 보면 어느새 매출도 떨어지고 이익도 하락하게 된다. 이익도 일정 부분 매출에 의존하는 부분이 있기 때문이다.

시장이 정체된 상황에서는 광고를 해도 효과는 적고 비용만 많이 든다.

　이를 위해 절대적인 매출이 아니라 상대적인 매출을 철저히 관리해야 한다. 경쟁기업과의 상대적인 시장점유율을 항상 확인하며 점유율 격차가 벌어지지 않도록 관리해야 한다. 경쟁 상대가 공격적으로 나오면 자사도 공격적으로 나가고 경쟁 상대가 소극적으로 나오면 자사도 소극적으로 대응하면서 시장점유율 격차를 유지해야 한다. 이것이 유지될 때 제대로 된 이익도 확보할 수 있다.

　저성장기에 전략 방향을 전환하지 않고 무리하게 매출 상승을 추구하다 보면 여러 가지 문제들이 발생한다. 그중 하나가 마케팅 비용이 상승하고 이익이 줄어드는 문제다. 기업들이 무리하게 매출을 늘리기 위해 광고와 판매 촉진 등을 많이 늘린다. 하지만 시장이 정체된 상태에서 이러한 마케팅 활동은 효과도 별로 없고 비용만 많이 든다.

이 문제를 해결하기 위해 저성장기에 기업들이 많이 사용하는 방법이 신제품 투입이다. 신제품을 투입하면 광고와 판매 촉진과 같은 마케팅 활동도 함께 시행할 수 있기 때문이다.

특히 저성장기에 신제품을 투입하면 영업을 활성화하고 유통기업에 자극도 줄 수 있기 때문에 기업들이 이 전략을 자주 이용하고 싶은 유혹을 느끼기도 한다. 또한 신제품을 투입하면 아무리 시장이 정체되어 있다고 하더라도 일시적으로 매출이 오르고 하락하던 판매가격도 일시적으로 회복되는 효과도 있다. 이 때문에 저성장기에는 신제품 투입으로 이러한 목적들을 달성하려고 한다.

하지만 신제품 투입이 많아지다 보면 오히려 악순환에 빠지기 쉽다. 신제품 개발 부문은 계속해서 신제품을 연구 개발해야 하기 때문에 히트성이 없는 신제품을 양산하게 된다. 마케팅 부문에서는 매번 새로운 광고와 판촉 행사를 준비해야 해서 신제품 단위당 광고비나 판매 촉진비는 오히려 감소하게 된다. 영업 또한 매번 새로운 신제품이 출시되기 때문에 집중도가 떨어져 각 제품당 영업인력 투입수가 감소하게 된다. 그 결과 신제품이 성공할 확률은 낮아지고 기업의 자원 효율성도 악화된다.

폐해는 이뿐만 아니다. 신제품 투입이 많아지면 기존 제품에도 영향을 준다. 모두들 신제품에 신경을 쓰다 보면 기존 제품을 등한시하게 되기 때문에 기존 제품의 성과 또한 떨어지기 때문이다.

광고와 판매 촉진, 신제품 투입도 통하지 않으면 저성장기에 기업들이 마지막으로 손을 대는 부문이 가격이다. 판매가격을 할인해서라도 매출을 올리고자 하는 것이다. 하지만 이러한 전략은 여러 가지 문제점들을 야기한다.

우선 저성장기에는 가격을 할인하더라도 매출이 좀처럼 늘지 않는다. 시장이 정체되어 있거나 역성장하는 상태에서는 가격을 할인해도 매출 수량이 생각보다 늘지 않기 때문이다.

가격 할인의 또 다른 문제점은 경쟁 기업에 가격 할인을 유발시켜 서로 가격을 낮추어가는 결과를 낳기 쉽다는 점이다. 가격은 다른 비가격 경쟁 요소와는 달리 경쟁 기업에 직접적인 타격을 가하

경쟁적으로 가격 할인을 하다가는 함께 파국으로 치달을 수 있다.

기 때문에 경쟁 기업도 가격 할인으로 대응하기 쉽다. 잘못하다가는 함께 파국으로 치닫는 치킨게임으로 갈 공산이 크다. 어느 한쪽이 겁 먹어 멈추기 전까지는 계속되는 출혈 경쟁이 되어버리는 것이다.

가격경쟁은 특히 강력한 유통기업이 존재할 때도 발생하기 쉽다. 힘이 센 유통기업은 특정 기업의 제품을 할인함으로써 고객유인력을 높이려고 하는데 경쟁사가 함께 경쟁적으로 가격을 할인해주면 유통기업의 고객유인력은 더욱 높아지게 된다.

특히 유통기업의 힘이 강력해서 일부 제조기업을 이용해 저가의 PB상품을 만들어 판매하면 전국(NB: National Brand)적인 제조기업은 따라서 가격을 낮추기 쉽다. PB상품과 NB상품의 가격 격차가 클수록 PB상품의 매력도가 높아져 NB상품을 제조하는 기업은 더 많은 타격을 입을 수 있기 때문이다.

또한 가격경쟁은 브랜드 가치를 손상시킨다. 즉 자사 브랜드가 싸구려 할인 브랜드로 전락하는 것이다. 이것은 오랜 저성장기를 헤쳐나가야 되는 기업들에게 있어서는 치명적인 손상이다. 한번 손상된 브랜드 가치는 좀처럼 개선하기 힘들기 때문이다.

04 중심을 잡아야 이긴다

이렇게 보면 저성장기 대응 전략은 대단히 어렵다. 국내시장이 저성장에 빠져드니 해외시장을 개척하는 게 중요해지지만 해외시장 개척에 많은 어려움이 있기 때문에 마지막 보루로서 국내시장을 유지하지 않으면 안 된다. 하지만 국내시장 자체가 축소되기 때문에 이 또한 유지하기가 대단히 어렵다. 소위 이도 저도 하기 힘든 딜레마가 발생하는 것이다.

시장 자체만 딜레마가 아니다. 국내시장을 유지하기 위해서는 할인도 필요하고 신제품 투입도 필요하지만 지나치게 하면 브랜드도 손상되고 신제품이 성공할 확률과 기존 제품의 성과도 떨어진다. 이 또한 딜레마다.

저성장기에는 이러한 딜레마가 자주 발생한다. 이럴 때일수록 기업은 전략의 중심을 잘 잡아야 한다.

　기업이 전략의 중심을 잘 잡아야 하는 또 다른 예가 현장 담당자의 과도한 요청이다. 저성장기에는 시장에서 경쟁이 치열해지기 때문에 현장 담당자들이 경쟁을 유리하게 전개하기 위하여 본사 담당자에게 요청을 과도하게 한다. 경쟁 기업의 신제품과 유사한 제품을 만들어달라거나 경쟁 기업의 할인가격에 맞추어 자사 가격도 낮추어달라고도 한다. 또한 경쟁 기업이 광고나 판매 촉진을 하면 자

신제품 전략에서 실패한 것으로 유명한 코카콜라의 뉴코크

사도 동일한 활동을 해달라고 요구하기도 한다.

특히 현장 담당자가 힘 있는 유통기업을 담당하는 경우에는 이 요구가 더욱 강해진다. 유통기업이 강력히 요구하면 현장 담당자도 들어주지 않으면 안 되기 때문이다.

하지만 본사 담당자는 중심을 잡고 냉정히 대응해야 한다. 신제품 투입이 꼭 필요한 시점인지, 광고나 판매 촉진을 해야 할 시점인지, 그 효과는 무엇인지, 비용 대비 효과는 충분한지 등을 냉정히 판단한 후 대응해야 한다. 경우에 따라서는 다음과 같은 3가지 다른 전략을 검토할 필요가 있다.

하나는 신규 고객 확보보다는 기존 고객을 유지하는 전략이다. 신제품 투입이나 광고, 판매 촉진 등을 통해 신규 고객을 확보하기보다는 기존 고객을 유지하는 전략이 더 중요할 수 있다.

특히 저성장기에 신규 고객을 확보하는 비용에는 기존 고객을 유지하는 비용의 5배 가까이가 소요된다. 그래서 기존 고객을 유지하면서 기존 고객들의 구매 빈도와 구매 금액을 늘리거나 기존 고객의 소개나 입소문을 통해 새로운 고객을 개척하는 편이 더 좋을 수 있다. 중심을 잡고 이러한 판단을 잘하는 것이 저성장기에 대단히 중요하다.

또 다른 전략은 기존 유통에 끌려가기보다는 성장하는 신규 유통을 개척하는 것이다. 현장 담당자의 요청에 따라 기존 유통의 요구를 들어주기 시작하면 그 요구는 더욱 높아지게 된다. 이는 기존 유통에 대한 자사의 의존도가 높아져 자사의 협상력이 약화되는 것을 의미한다. 유통망에 의존할수록 자사의 협상력은 낮아지고 반대로 의존도가 줄어들수록 협상력은 높아진다.

그러므로 기존 유통의 요구를 들어주기보다는 신규 유통을 개척하는 것이 더 좋다. 신규 유통은 새롭게 성장하는 유통이므로 자사에 대한 의존도가 거꾸로 높을 수밖에 없고 때문에 자사의 협상력을 더욱 강화할 수 있기 때문이다.

또한 성장하는 신규 유통을 갖게 되면 기존 유통에 대한 협상력도 높아진다. 왜냐하면 기존 유통에 대한 의존도가 낮아지기 때문이다. 이처럼 신규 유통 개척은 매출도 늘릴 수 있을 뿐만 아니라 기존 유통에 대한 협상력도 함께 높일 수 있는 대단히 좋은 전략이다.

다만 일정 시점까지 신규 유통의 성장 속도가 느린 것이 보통이기 때문에 보다 이른 시점에 신규 유통과 거래를 튼 다음에 시간을 갖고 신규 유통을 육성해나가야 한다. 담당자의 입장에서는 기존

의존도와 협상력

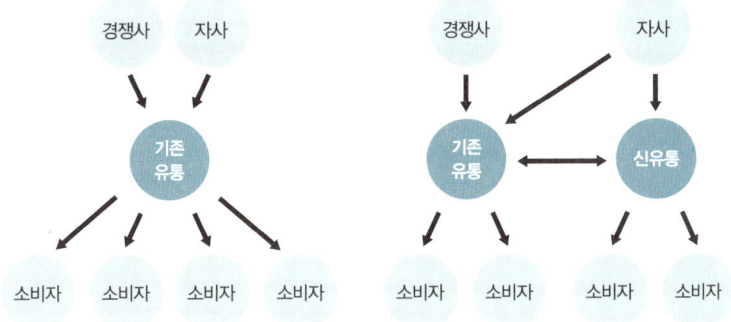

유통의 요구는 매번 높아지는데 신규 유통의 성장이 더디어 애를 태우는 경우가 많겠지만 이것은 어쩔 수 없는 측면도 있다. 이러한 딜레마가 저성장기에는 일상적이다.[23]

세 번째 전략적 선택은 안타성 신제품을 거부하고 홈런성 신제품을 선택하는 것이다. 저성장기에는 매일매일이 전쟁이기 때문에 이 국면을 벗어나기 위해서라도 현장 담당자는 신제품을 계속해서 요구한다. 이에 대응해서 본사 담당자도 안타성 신제품이라도 계속해서 출시하고 싶은 충동에 빠지기 쉽다.

하지만 안타성 신제품마저 계속 나오기가 힘들고 나오더라도 안타로 연결될 가능성이 생각보다 낮다. 대부분은 비용만 축내고 흔적도 없이 사라진다. 이보다는 홈런성 신제품을 연구개발 부문에 요구해야 한다. 확실히 차별화되고 시장 충격 효과도 있는 신제품을 요구해야 한다. 어설픈 시제품이 넘어오면 용기를 내어 거절할 줄 알아야 하고 계속해서 수정 사항을 요구해야 한다.

물론 이렇게 하더라도 신제품이 반드시 홈런을 친다는 보장은 없다. 이 신제품 또한 흔적도 없이 사라질 수도 있다. 하지만 안타성 신제품을 가지고 계속해서 힘을 빼기보다는 힘을 축적해두었다가 한 방을 노리는 것이 더 좋다. 저성장기에는 낭비를 줄이고 효율을 높이는 것이 더 중요하기 때문이다.

05 홈런을 칠 준비가 되었는가?

저성장기에는 홈런성 히트상품을 만들어낼 수 있는 역량을 가진 기업이 대단히 유리하다. 연구개발 능력을 가지고 혁신적 신제품을 만들어낼 수 있는 기업이 유통기업을 잠재우고 시장 지위를 유지할 수 있기 때문이다.

이에 비하면 고성장기에는 연구개발 능력이 없는 기업도 시장에 기생할 수 있는 여지가 많았다. 시장이 성장하니 경쟁 기업 제품을 모방한 제품만으로도 일정 부분 시장 수요를 확보할 수 있었기 때문이다.

하지만 저성장기에는 연구개발 능력을 가지고 혁신적인 신제품을 만들어낼 수 있는 기업만이 생존할 수 있다. 사실 이것이 제조기업의 본래 모습이다. 제조기업은 특정 제품과 특정 기술에 대한 깊

제조기업의 본원적 강점

제조기업의 강점	유통기업의 강점
미래 소비 시점 정보	현재 판매 시점 정보
장기 제품 지식	단기 고객 지식
가설 지식	검증 지식
기술 지식	상품 지식
좁고 깊은 지식	얕고 넓은 지식
이질 점포 지식	동질 점포 지식

은 지식을 기반으로 향후 소비자들이 필요로 하는 신제품을 만들어 내는 것이 본업이다.

이에 비해 유통기업은 현재의 판매시점 정보를 바탕으로 소비자들의 폭넓은 선택안을 제공하는 것이 본업이다. 이 때문에 저성장기에는 이러한 능력을 가진 제조기업과 유통기업이 전략적 동맹을 맺어 시장에서의 영향력을 확대하는 것이 일반화된다.

이러한 능력이 없는 한계기업들은 시장에서 탈락하고 만다. 연구개발 능력이 없어서 혁신적인 신제품을 만들 수 없는 기업도 탈락하고 폭넓은 소비자 정보를 바탕으로 폭넓은 선택 기회를 제공할 수 없는 기업도 탈락한다. 경우에 따라서는 무리하게 매출 확대를 추구하는 기업도 탈락하며 이익이 나지 않아 재투자를 할 수 없는 기업도 탈락한다.

저성장기에는 이러한 기업들이 연속적으로 탈락하는 기간이다. 자고 나면 한계기업들이 사라져가는 것이다. 일본의 경우 정부의 지원으로 일부 한계기업들이 일정 기간 연명한 경우도 있었지만 결국에는 오랜 저성장기 중에 사라져갔다.

그 결과 저성장기에 시장은 차츰 과점화된다. 몇몇 능력 있는 기업만 살아남는 것이다. 경우에 따라서는 일부 선두 기업들이 의도적으로 한계기업들을 탈락시키기도 한다. 가격경쟁을 유발시켜 겁쟁이 기업들을 시장에서 퇴출시키는 것이다. 반도체시장에서 삼성반도체와 하이닉스가 가격경쟁을 유발해 시장을 과점화한 것과 같은 현상이다.

이 단계가 되면 과점 기업들은 여유를 가지고 시장을 끌고 갈 수 있다. 담합은 아니더라도 전략적 선택에 의해 시장을 균점한 뒤 이전보다 많은 과점적 이익을 향유할 수 있기 때문이다. 질풍노도와

저가항공이라는 틈새 시장 전략으로 성공한 사우스웨스트항공

같은 시기를 거친 뒤 여유롭고 우아하게 지낼 수 있는 시기가 도래하는 것이다.

이렇게 보면 저성장기 초입에 압도적인 시장 지위를 구축해두는 것이 얼마나 도움이 되는지 잘 알 수 있다. 무리를 해서라도 압도적인 시장 지위를 구축해둔 기업은 이 지위를 활용해 한계기업을 퇴출시킬 수 있고 과점적 지위도 조기에 확보할 수 있기 때문이다.

역으로 그러한 지위를 구축할 수 없는 기업은 빨리 자신의 능력을 파악한 뒤 틈새 시장(niche market)으로 도망가야 한다. 그때 불필요한 사업이나 자산, 제품 등을 재빨리 버리고 몸을 가볍게 한 뒤 틈새 시장에 특화돼야 한다.

그리고 그 시장에서만은 압도적인 시장 지위를 구축해야 한다. 어떠한 기업이 이 시장에 진출하더라도 결사 항쟁으로 그 시장을 사수해야 한다. 물론 이 싸움은 힘들겠지만 시장을 좁게 설정하고 그곳에 압도적인 지위를 구축해두었기에 충분히 싸울 만하다.

결국 저성장기에는 큰 시장을 과점화한 기업과 틈새 시장에 집중화한 기업만이 생존할 수 있다. 그리고 그 중간에 낀 어정쩡한 기업들은 무수히 탈락하게 되는 것이다.

8장

시장 생존 전략 3

새로운 시장을 창조하라

01
어떻게 길을 뚫을 것인가?

최고의 경영학자로 추앙 받은 피터 드러커(Peter Drucker)는 기업의 궁극적인 목표가 영속성(Going Concern)을 확보하는 것이라고 했다. 즉 회사가 영원히 존재해야 한다는 것이다.

보통은 이익이나 주가를 기업의 목표로 생각하지만 드러커는 이것은 어디까지나 영속성을 확보하기 위한 수단 중 하나에 지나지 않는다고 보았다. 또한

미국의 경영학자 피터 드러커

영속성을 제대로 확보하면 이익이나 주가는 그에 따라 나타나는 결과라고 보았다.

그렇다면 영속성을 확보하는 방법은 무엇일까? 드러커는 고객과 시장을 끊임없이 창조하고 유지하는 것이 최고의 방법이라고 주장했다. 그리고 이를 위해서는 시장지향적 사고와 혁신이 필요하다고 보았다.

저성장기에도 기업은 더욱 치열히 싸워나가며 영속성을 확보해야 한다. 그러기 위해서는 기존 시장을 사수함과 동시에 새로운 시장도 창조해야 한다.

하지만 고성장기와 달리 저성장기에는 시장을 창조하기가 결코 쉽지 않다. 새로운 시장이 창조되는 기회가 훨씬 줄어든 데다 창조에 성공하더라도 금방 경쟁자가 참여하기 때문이다. 그렇다고 해서 신규 시장이 전혀 없는 것은 아니다. 새로운 혁신과 기술 변화로도 새로운 시장이 탄생하고, 소비자의 변화로도 새로운 시장이 창조된다. 이 때문에 저성장기에도 기업들은 필사적으로 신시장을 창조해야 한다.

어떻게 하면 신시장을 잘 창조할 수 있을까? 와세다대학교 우치다 가즈나리 교수가 저술한 책을 근거로 이에 대한 답을 제시하고자 한다. 우치다 교수는 보스턴컨설팅그룹의 일본 대표를 역임한 인물이다. 그는 2006년에 '세계에서 가장 유명한 컨설턴트 25인'에 선정되기도 한 컨설턴트다.

우치다 교수는 순수 이론적인 측면에서 신시장 개척 이론을 제시한 것이 아니라 컨설턴트 입장에서 신시장을 창조하는 실질적인 노하우를 제시했다. 그것도 일본 기업들이 가장 어려움을 겪었던 저성장기의 정점에서였다. 이후 보스턴컨설팅그룹 대표를 그만두고 와세다대학교 비즈니스 스쿨 교수로 옮긴 뒤에도 일본 기업들에게 필요한 전략을 꾸준히 제시하고 있다.

와세다대학교 우치다 가즈나리 교수

우치다 교수는 저성장기가 되면서 기업들의 이전투구형 경쟁이 보다 일반화되었다고 보았다. 이전투구형 경쟁에서는 기존의 경쟁자뿐만 아니라 전혀 다른 업종의 경쟁자도 새롭게 시장에 진입하게 된다. 이 새로운 경쟁자들은 일반적으로 기존의 경쟁 방식과는 완전히 다른 전략을 구사한다. 소위 경쟁의 판을 완전히 바꿔버리는 게임 체인저(Game Changer) 역할을 하는 것이다. 그리고 이 속에서 기존과는 다른 새로운 시장이 열린다.

우치다 교수는 이러한 게임 체인저들이 신시장을 개척하는 방식에는 크게 4가지가 있다고 보았다. 도표로 정리해보면 가로축은 기존 제품인지 새로운 제품인지를 나타내고, 세로축은 기존의 사업모델과 같은 방식인지 새로운 사업모델인지를 나타낸다. 이들을 조합하면 4가지 방식이 만들어진다.

시장 창조형은 신규 제품 및 서비스를 기존 사업모델과 동일한 방식으로 제공하면서 신시장을 창조하는 방법이다. 사업 창조형은

신시장 창조 방법

	기존 제품 및 서비스	신규 제품 및 서비스
기존 사업모델	**프로세스 개혁형** 기존의 가치사슬을 새롭게 재검토한다.	**시장 창조형** 고객이 인지하지 못했던 가치를 구체화한다.
신규 사업모델	**질서 파괴형** 기존의 이익창출 매커니즘을 무력화한다.	**사업 창조형** 상상력과 창조력으로 새로운 사업을 창조한다.

신규 제품 및 서비스를 새로운 사업모델로 제공함으로써 신시장을 창조하는 방법이다.

반면 질서 파괴형은 기존 제품 및 서비스를 새로운 사업모델로 제공함으로써 신시장을 창조하는 방법이고, 프로세스 개혁형은 기존 제품 및 서비스를 기존의 사업모델로 제공하면서도 새로운 시장을 창조하는 방법이다. 이 중 프로세스 개혁형은 김위찬 교수가 『블루 오션 전략』에서 제시한 가치혁신 방법과 유사하기 때문에 10장에서 살펴보기로 하고, 이 장에서는 나머지 3가지 방법을 좀 더 자세히 살펴보고자 한다.

02
신시장 개척 방법 1
시장 창조형

소형 비디오 카메라 시장은 그간 일본 기업들의 독무대였다. 소니의 핸디캠이 대표적인 브랜드다. 하지만 이 시장에 고프로(GoPro)라는 미국의 벤처기업이 참여해 시장 판도를 흔들어놓았다. 결국 2013년에는 이 회사 제품인 액션 카메라가 판매 대수에서 소니를 능가했다.

액션 카메라는 액정화면이나 줌 기능과 같은 기존의 비디오 카메라 기능을 없애는 대신에 방수 기능이나 충격 완화 기능 등을 첨가한 소형 비디오 카메라다. 유튜브 등에 등장하

시장 판도를 바꾼 미국 벤처기업 고프로의 액션 카메라

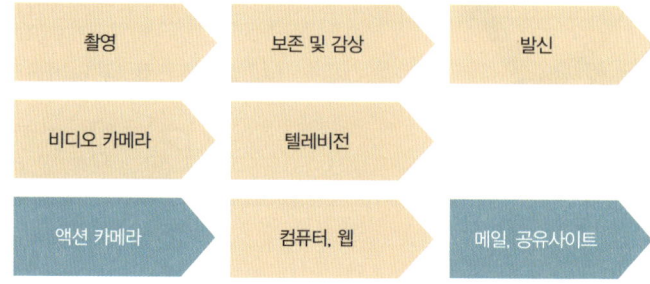

는 서핑 영상이나 행글라이더 영상들 중에는 이 카메라로 찍은 것이 많다.

고프로의 사업모델은 소니의 가정용 비디오 카메라와 동일하다. 본체와 부속 부품을 만들어 파는 것이기에 제품 생산 흐름이나 수익 모델 또한 소니와 동일하다. 다만 액션 카메라라는 새로운 제품을 만들어 신시장을 창조한 사례다.

시장 창조형은 기본적으로 일반 고객들이 인식하지 못한 새로운 가치를 제공함으로써 실현될 수 있다. 이 때문에 시장 창조형의 신시장 개척 방법은 기본적으로 고객에게 편리를 제공해주거나 역으로 고객의 불편함을 해소해줌으로써 달성될 수 있다.

구체적으로 어떻게 하면 이것이 구현될까? 하나는 사업사슬을 이용하는 방법이다. 사업사슬(Business Chain)의 개념을 이해하기 위해서는 가치사슬(Value Chain)을 우선 이해해야 한다. 가치사슬이란 기업이 제품이나 서비스를 창출하는 과정에서 부가가치가 어떠한 단계를 거쳐서 더해지는지를 나타낸 것이다. 제조기업인 경우 일반적

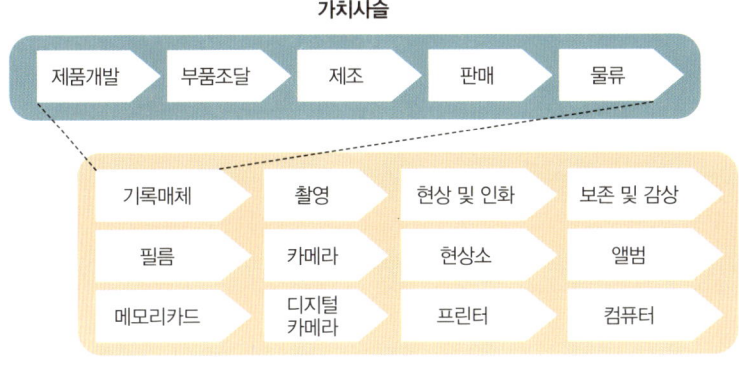

으로 '제품개발-부품조달-제조-판매-물류'의 흐름이 가치사슬에 해당된다.

이와 유사하게 이익이 나는 사업의 각 단계를 흐름으로 표시한 것이 사업사슬이다. 예를 들어 카메라 사업이라면 기록매체, 촬영, 현상-보존까지 각 단계별로 각각 새로운 사업이 있을 수 있다.

이 사업의 사슬을 잘 분석하고 새롭게 변형함으로써 신시장을 창조할 수 있다. 이 방법이 바로 생략, 결합, 대체, 추가이다.

생략

일본의 저성장기에 사라진 사업 중 하나가 비디오 대여 사업이다. 2000년대에 스마트 텔레비전이 등장하면서 동네 곳곳에 있던 비디오 대여점이 사라져갔다. 스마트 텔레비전은 영화나 드라마를 직접

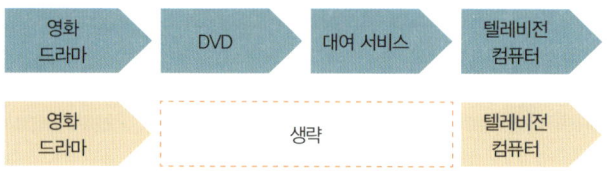

다운로드받아 감상할 수 있다. 이 새로운 사업은 기존의 비디오 대여 사업사슬상에서 DVD와 대여 서비스를 생략하며 창조된 새로운 사업이다. 이처럼 기존의 사업사슬 중에 특정 부분을 생략함으로써 새로운 사업을 창조할 수 있다.

결합

사업사슬의 여러 요소를 결합함으로써 새로운 사업을 창조한 대표적인 예가 스마트폰이다. 스마트폰은 기존 전화기에 통신 기능이나 카메라 기능 등을 결합함으로써 큰 시장을 창조했다.

대체

일본의 사교육 시장에 선풍을 일으킨 기업으로 동진(東進)학원이 있다. 전통적으로 일본의 사교육 시장은 동네 학원과 대도시의 대형 명문 학원으로 양분되어 있었다. 특히 대형 명문학원으로는 한국의 대성학원처럼 재수생과 재학생을 타깃으로 하는 3대 명문 학원(요요기 제미, 가와이 주쿠, 순다이 예비교)이 있었다.

이 때문에 지방 소도시에 거주하는 학생이나 재수생들은 수준이 그다지 높지 않은 동네 학원이나 대도시의 3대 명문학원을 이용해야만 했다. 이 공백 시장을 온라인 강의로 대체한 곳이 동진학원이다. 기존 학원이 제공하던 교재–강사–교실–강의 사업사슬 중에 교실과 강의를 온라인 영상강의로 대체한 것이다.

이 밖에도 슈퍼마켓을 대체한 편의점이나 우체국 택배를 대체한 야마토 운송, 건강식품을 대체한 건강보조식품 등이 있다.

추가

사업사슬은 그대로지만 새로운 가치를 추가함으로써 신시장을 창조하는 방법도 있다. 앞에서 설명한 고프로가 여기에 해당된다. 고프로는 촬영뿐만 아니라 발신도 추가해 신시장을 창조한 것이다.

새로운 시장을 개척한 진스피씨의 피씨용 안경

일본에서 대표적인 사례가 진스PC(Jins PC)의 PC용 안경이다. 보통 안경이라면 시력 교정을 목적으로 하지만 진스PC의 안경은 PC에서 나오는 유해광선을 차단해주는 안경이다. 사무실에서 PC를 상용하는 인구가 증가함에 따라 새로운 용도를 추가함으로써 새로운 시장을 개척한 것이다.

이처럼 사업사슬의 일부분을 생략하거나 결합, 대체, 추가함으로써 새로운 시장을 개척할 수 있다.

03
신시장 개척 방법 2
사업 창조형

사업 창조형은 새로운 제품이나 서비스를 완전히 새로운 사업모델로 제공함으로써 신시장을 창조하는 방법을 말한다. 기존 이론에서는 새로운 기술(seeds)을 가지고 사업을 창조하는 접근 방법과 고객 니즈(needs)를 기점으로 사업을 창조하는 접근 방법이 소개되어왔다. 예를 들어 애플이 IT기술을 활용해 애플리케이션 스토어(App Store) 사업을 운영하는 것은 전자의 예이고, 유명 대학의 수업을 인터넷으로 중계하는 MOOCs(Massive Open Online Courses) 사업은 후자의 예에 해당한다.

하지만 우치다 가즈나리 교수는 일본에서의 성공 사례를 가지고 '사업 창조형 방법의 구성요소'를 찾아냈다. 새로운 제품과 새로운 경영자원을 가지고 새로운 사업모델로 새로운 고객층을 찾아나선

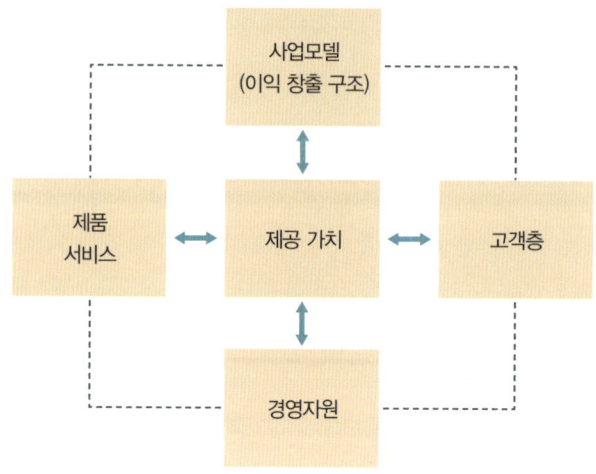

사업 창조형 방법의 구성요소

다면 사업 창조형으로 신시장을 개척할 수 있다는 것이다.

이의 대표적인 예가 타임24의 카셰어링(carsharing) 사업이다. 타임24는 저성장기에 남아도는 나대지를 활용해 주차장 사업을 전개해 크게 성공한 기업이다. GS그룹이 타임24의 주차장 사업을 한국으로 가져와 최근에 서울을 중심으로 전개할 정도로 일본에서는 큰 성공을 거두었다.

이 기업은 원래 주차장용 기계를 만드는 기업이었다. 차를 주차하면 타이어 앞뒤로 쇠봉이 올라오고 정산기에 돈을 지불해야만 쇠봉이 내려가는 기계를 만들었다. 그러다가 저성장기에 놀고 있는 나대지의 오너를 설득해 주차장으로 전환하게 한 뒤 이를 무인 주차장으로 만들어 크게 성공했다. 특히 일본의 내비게이션 업체와 제휴해 운전 중 근처에 비어 있는 주차장을 안내해주는 시스템을

고객에게 새로운 가치를 제공해 성공한 타임24

개발해 선풍적인 인기를 끌기도 했다.

이 기업은 몇 년 전부터는 카세어링 사업을 전개해 크게 성공했다. 타임24가 전개하는 카세어링 사업은 기존의 렌터카 사업과는 완전히 다른 사업모델이다. 기존의 렌터카 사업이 주말에 원거리를 가고자 하는 사람에게 차량을 장시간 빌려주는 서비스를 제공한다면 타임24의 카세어링 사업은 평일의 근거리 이용자에게 15분 단위로 차량을 빌려주는 서비스를 제공했다. 회원으로 등록한 사용자들이 자기 집 주변에 있는 타임24 주차장의 공용 차량을 전화나 온라인으로 예약한 뒤 그 차량을 잠시 이용하고 되돌려주는 방식으로 이 서비스를 이용하는 것이다.

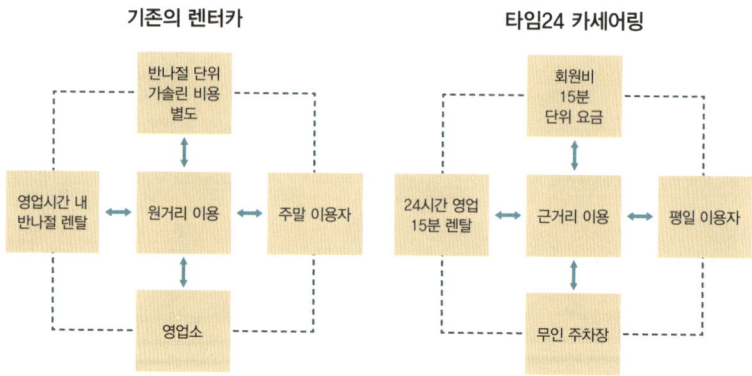

카세어링 사업의 차별적 구조

이 새로운 고객가치는 다음 4가지 요소를 믹스해 탄생했다.

우선 경영자원인데, 타임24는 이미 전국에 2만 개 가까운 무인 주차장을 가지고 있었다. 또한 적자에 허덕이던 마츠다자동차의 렌터카 부문을 매수해 카세어링 사업에 뛰어들었다.

두 번째는 무인 주차장에서 차를 대여하는 새로운 서비스 방식이다. 회원으로 등록한 사람이 차량을 전화나 온라인으로 예약한 뒤 예약 시간에 주차장으로 가 회원증으로 차량 문을 연 뒤 차 안에 설치된 장치에 회원증을 삽입하면 차량을 이용할 수 있는 서비스를 제공했던 것이다.

세 번째는 새로운 고객층의 개척이다. 주말 등에 원거리를 이동하는 기존의 렌터카 고객과는 달리 도심에서 잠시 차량을 이용하고 싶어 하는 새로운 고객층을 개척한 것이다. 할인점에 장을 보러 가고자 하는 동네 주부나 연로하신 부모님을 노인 전문 병원에 모시고 가려고 하는 동네 아저씨들을 새로운 고객층으로 삼은 것이다.

네 번째는 새로운 사업모델이다. 회원등록비와 15분당 2000원이라는 저렴하고 간편한 요금제로 카세어링 사업을 새롭게 창조한 것이다.

타임24는 이처럼 새로운 경영자원과 서비스, 고객층, 사업모델로 카세어링 사업을 성공적으로 개척했다. 특히 이 사업은 동네 차량을 자가용처럼 손쉽게 이용하는 새로운 가치를 제공했다. 게다가 저렴한 시간제 렌탈 요금제를 통해 차를 보유하기보다는 공유하는 새로운 라이프 스타일마저 창조했다.

04
신시장 개척 방법 3
질서 파괴형

질서 파괴형은 기존의 제품과 서비스 시장에 새로운 사업모델을 들고 들어와 신시장을 개척하는 방법이다.

이 방법의 대표적인 예가 일본의 게임 시장이다. 이전까지 일본의 게임 시장은 닌텐도의 독무대였다. 닌텐도는 휴대용 게임기 DS와 가정용 게임기 위(Wii)를 발매해 일본뿐만 아니라 세계의 게임 시장도 석권했다. 하지만 스마트폰이 출시되고 난 뒤 그리(Gree)나 디엔에이(DeNA), 간호(Gungho) 와 같은 기업들이 등장하면서 게임 시장을 뒤흔들어놓았다.

이들 게임 기업들은 닌텐도와 완전히 다른 사업모델을 들고 나왔다. 닌텐도는 고가의 게임 전용기를 판매함과 동시에 게임 소프트 등도 함께 판매하는 방식이었지만 새로 등장한 게임 기업들은 스

마트폰에 게임을 무료 내지 저가로 다운로드한 뒤 게임 아이템이나 광고료로 수익을 얻는 새로운 사업모델을 들고 나왔다. 전용 기기 없이 손쉽게 게임을 즐길 수 있게 됨에 따라 이 시장은 급격히 성장했다.

  이러한 시장 창조는 기존의 질서를 파괴함으로써 새로운 시장을 창조하는 방법이다. 이러한 시장 창조 방법은 앞에서 살펴본 사업 사슬 분해 방법을 활용함으로써 가능하다.

생략

스마트폰 게임은 기존 게임기의 사업사슬 중에 게임기 하드웨어와 유통판매 단계를 생략함으로써 새로운 사업을 탄생시킬 수 있었다.

결합

아이스타일이 운영하는 앳코스메(@cosme)는 화장품 관련 미용 사이트다. 이 사이트에는 화장품이나 미용 관련 제품에 관한 서비스나 평가, 입소문이 실려 있다. 소위 미용 관련 포털 웹사이트인 것이다. 이 사이트는 여러 가지 정보 채널이 하나로 결합된 사업모델이다.

라인의 사업 모델

대체

일본에서 제일 유명한 한국 제품은 무엇일까? 옛날에는 진로소주 등이 유명했지만 지금은 라인(LINE)이다. 네이버가 한국의 카카오톡을 흉내 내어 일본에 출시한 모바일 메신저 라인은 일본시장을 석권했다. 라인은 종래의 전화 회선에 의한 통화를 네트워크 회선에 의한 통화로 대체함으로써 신시장을 창조했다.

확장

한국시장에도 커피붐이 일었는데 일본도 마찬가지다. 커피시장은 기존의 커피숍시장에 스타벅스 등이 참여함으로써 크게 확대되었는데, 이 시장의 주요 고객은 바로 직장인들이다. 직장인들은 커피를 많이 마시지만 직장 내에서는 기껏해야 커피 믹스나 자판기 커피 정도를 마실 수 있었다. 품질이 높지 않는 것이 가장 큰 약점이던 이 시장을 새롭게 파고 든 것이 네스카페의 앰배서더이다.

네스카페는 회사 내에 무료로 캡슐 커피머신을 설치해준 뒤 고급

일본시장을 석권한 메신저 라인(좌)과 무료 캡슐 커피머신으로 성공한 네스카페(우)

인스턴트 커피 팩을 팔았다. 고급 커피를 마시고 싶은 직장인은 커피 팩을 커피머신에 꼽아 맛있는 커피를 뽑아 마실 수 있었다. 특히 네스카페는 직장인 중에 앰배서더를 임명해, 임명된 사람들이 커피머신을 관리하고 신제품을 소개하는 역할을 하게 함으로써 큰 성공을 거두었다. 이처럼 네스카페는 선택안을 확장시킴으로써 새로운 시장을 개척할 수 있었다.

추가

추가는 기존의 사업사슬 중에 새로운 단계를 추가하는 전략이다. 편의점 ATM(Automatic Teller's Machine, 현금자동입출금기) 서비스가 그 대표적인 예다. 편의점 ATM 서비스가 있기 전에 소비자들은 거래 은행의 ATM기계나 창구를 이용하는 것이 전부였다. 하지만 저성장기가 됨에 따라 은행들이 경비 절감을 위해 은행 점포를 많이 줄였고 소비자들의 불편은 증가했다.

　이 틈을 파고든 것이 편의점의 ATM 서비스였다. 이 서비스는 기존의 은행과 소비자들 사이에 끼어들어 소비자들의 편익을 높임과 동시에 서비스 요금을 징수하는 새로운 사업을 창조했다.

　이처럼 사업사슬의 일부를 생략하거나 대체, 결합, 확장, 추가함으로써 새로운 사업을 창조할 수 있다.

05 큰 시장을 향한 환상을 버려라

신시장을 개척하더라도 저성장기에는 커다란 신규 시장이 좀처럼 없다는 점을 명심해야 한다. 저성장기는 시장의 활력이 떨어지는 시기이기 때문에 신시장 자체가 대부분 분절되고 조그마하다.

실제 일본에서도 고성장기의 환상에 젖어 저성장기에도 새로운 큰 시장을 기대했던 기업들이 많았다. 예를 들어 저성장기는 인구 고령화와 함께 오기 때문에 고령자를 대상으로 한 실버 시장이 크게 형성되리라 기대했다. 하지만 실제는 많이 달랐다.

우선 고령자 의료와 간호 등 많은 부분은 정부나 공공기관이 수행하기 때문에 일반 기업들이 들어설 시장은 별로 크지 않았다. 그나마 남겨진 시장이 고령자용 식품이나 가구, 오락, 건강과 같은 생활 관련 시장이었는데, 이 시장 또한 분절된 다양한 틈새 시장에 불

저성장기 일본에서 전동 휠체어와 같은 노인 관련 시장이 크게 성장할 것이라는 예상은 엇나갔다.

과해 생각보다 큰 시장이 형성되지는 못했다. 이 때문에 '실버시장에서 가장 큰 시장은 성인용 기저귀 시장'이라는 농담마저 나돌 정도였다.

만약 기업들이 저성장기에 큰 시장을 원한다면 인수합병(M&A)을 통해 기존의 사업을 다른 기업들로부터 구입하는 수밖에 없다. 실제 일본에서도 많은 인수합병이 저성장기에 일어났다.

하지만 이 또한 어려움이 많았다. 우선 큰 대가를 지불하고 기업을 사야 하기 때문에 부담이 많이 되는 데다 자칫 '승자의 저주'에 빠지기 쉽다. 승자의 저주란 인수합병을 위한 경쟁에서는 이겼으나 이 과정에서 과도한 비용이나 대가를 치르는 바람에 엄청난 후유증에 시달리는 현상을 말한다. 일본의 경우 일부 기업들은 승자의 저주로 말미암아 본업까지 휘청거린 사례도 있었다.

　이 때문에 저성장기에는 작은 신규 시장에 만족해야 한다. 큰 시장보다는 틈새 시장을 노려야 하는 것이다. 또한 이 시장에도 금새 새로운 경쟁자들이 진입할 가능성이 높기 때문에 이들과 끝까지 싸워나갈 것이라는 단단한 각오를 가지고 시작하지 않으면 안 된다. 슬프지만 이것이 저성장기의 현실이다.

3부

경영 방식을 바꿔라

저성장 시대,
기적의 생존 전략 2

3부에서는 저성장기 경영 생존 전략 3가지를 제안한다. 저성장기를 겪으며 일본은 '일본식 경영의 진수'로 자랑하던 제도까지 바꾸며 극한 상황에 대응했다. '다이나믹 코리아'를 일궈온 한국의 경영자들에게는 '호경기도 좋고 불경기도 좋다'라는 생각이 깊게 자리 잡고 있다. 이러한 발상은 '너 죽고 나 사는' 잔혹 경쟁에는 통하지 않는다. 저성장기에는 상상을 초월하는 원가절감과 유연성으로 대응하지 않으면 안 된다.

9장

경영 생존 전략 1

원가를 혁명하라

01
전통적인 원가절감 방법

한국의 경제학자 사이에는 '한국 경제 5년 위기설'이 있다. 한국 경제가 5년 주기로 위기를 맞는다는 설이다.

1997년에 IMF 경제대란을 겪은 후 5년 뒤인 2002년에 카드대란을 겪었고 다시 5년 뒤에는 리먼 쇼크로 한국 경제가 바닥을 치더니만 또다시 5년 뒤인 2013년에는 가계부채 문제와 신흥국 경제위기로 큰 위기를 겪었다.

5년 위기설은 이론적으로 정립된 것이 아니라 어디까지나 가설의 수준이지만 얼추 맞는 구석이 있다. 경제에는 사이클이 있기 때문에 호경기를 거치면 불경기를 맞게 된다. 또한 한국처럼 대외의존도가 높은 국가는 세계 경제 흐름의 영향을 받기 쉽기 때문에 이런 위기설이 통설처럼 자리잡고 있는 것이다.

이처럼 경제가 사이클을 그리며 급등락을 거듭하기 때문에 한국의 경영자들도 이 사이클을 타면서 기업을 운영하고 있다. 경기가 좋을 때는 공격적인 경영을 하다가 경기가 나빠지거나 위기가 닥치면 방어적인 경영으로 전환하게 된다.

호경기가 지나고 경기가 나빠지기 시작할 때 경영자들이 주로 쓰는 전략이 경비절감이다. 외식비와 접대비를 줄이고 출장도 억제한다. 특히 출장의 경우 출장 인원이나 빈도를 줄일 뿐만 아니라 비행기 좌석 등급까지 낮추며 임원진이 모범을 보이기도 한다.

경기가 좀 더 나빠지면 주요 경비에 손을 대기 시작한다. 광고 판촉비를 줄이고 꼭 필요한 마케팅 비용만 집행하며 공장에서는 대대적인 원가절감을 실시한다. 특히 파급효과가 큰 것이 구매단가절감이다. 회사가 구매단가절감을 통해 경비절감을 실시하면 협력회사와 협력회사의 협력회사까지 그 영향이 미친다.[24]

그러다 최악의 불황이 닥치면 경영자들은 집무실에 군용침대라도 가져다 놓고 비상경영을 선포한다. 간부직을 중심으로 보너스를 반납하고 인건비도 동결한다. 경우에 따라서는 사내에 명예퇴직자를 모집하고 지사나 법인을 통폐합하기도 한다.

이런 조치들을 순차적으로 취하다 보면 서서히 경기가 좋아진다. 정부가 협력업체들의 비명 소리를 듣거나 하면 경기부양을 위한 여러 가지 조치들을 취한다. 또한 그 사이에 해외의 특정 시장이 좋아지기라도 하면 그 온풍이 한국 경제를 좋게 만든다. 그러면 경영자들은 언제 그러했느냐는 듯 태도를 바꾸며 공격적인 경영으로 돌아

선다.

이것이 다이나믹 코리아에서 기업을 운영하는 경영자들의 리듬감이다. 이 리듬감이 기업조직 곳곳에 이미 배어 있다. 경기가 조금 좋아질 분위기면 사업을 확대하는 안을 올리고 경기가 조금 나빠질 기미라도 보이면 경비절약안을 경영자에게 올린다.

이러한 리듬감은 한편으로 기업경영에도 많은 도움을 준다. 경기가 좋아질 때면 모두가 신명이 나 열심히 일한다. 하지만 경기가 나빠지면 경비절약의 미명하에 그 사이 조직 곳곳에 끼어 있던 낭비나 비효율을 떨어내고 조직 전체에 긴장감을 불어넣는다. 이것이 '신바람경영'이자 '위기경영'인 것이다.

이 때문에 한국의 경영자들에게는 '호경기도 좋고 불경기도 좋다'라는 생각이 깊게 자리잡고 있다. 호경기야 당연히 좋지만 불경기라고 해서 반드시 나쁜 것만은 아니라는 것이다.

02 너 죽고 나 사는 잔혹 경쟁의 시작

'호경기도 좋고 불경기도 좋다'라는 생각은 사실 경제가 성장할 때 통용되는 생각이다. 경제가 성장할 때면 불경기를 겪더라도 결국엔 호경기가 뒤따라오고, 호경기의 크기가 불경기의 그것을 능가하기 때문이다.

거꾸로 경제가 저성장의 나락에 떨어져 경제활력이 계속해서 줄어들면 그러한 낙관적인 생각은 더 이상 통용되지 않는다. 혹독한 불경기 뒤에 미지근한 호경기가 오다가 다시 혹독한 불경기가 계속된다면 불경기도 좋다는 말은 쏙 들어가게 된다. 오히려 불경기라는 말만 들어도 모두들 치를 떤다.

이런 상황에서 물가가 계속 하락하는 디플레이션이 온다. 한국의 경영자들은 제대로 된 디플레이션을 경험해본 적이 없다. 경제가 계속 성장하는 상황 속에서 경영을 해왔기 때문에 디플레이션보다는 물가가 계속 상승하는 인플레이션을 더 많이 경험했다. 1970년대의 오일 쇼크, 1980년대의 고물가, 1990년대의 IMF 위기, 2000년대의 저환율 등을 거치며 원자재 가격 상승, 수입 물가 상승, 판매가 상승 등을 이어서 경험해왔기 때문에 '인플레이션' 하면 치를 떠는 경영자가 많다.

석유의 공급 불안과 가격 폭등은 전 세계 경제를 혼란에 빠뜨렸다.

하지만 인플레이션은 경제가 성장하고 있기 때문에 어쩔 수 없이 발생하는 측면이 컸다. 수요가 있기 때문에 물가가 상승하는 것이기 때문이다. 이에 반해 디플레이션은 수요가 부족한데도 불구하고 공급이 넘쳐날 때 발생하는 것이기에 인플레이션보다 더 퇴행적이다. 특히 소비자들은 디플레이션을 조금 경험하게 되면 물가가 더 하락할 것이라고 기대하기 때문에 구매를 미루게 되고 한 치 앞이 급한 기업들은 더욱 가격을 내려 판매한다. 그러다 보면 물가는 더욱 하락하는 악순환에 빠지게 된다.

일본의 경우 20년 가까이 디플레이션을 경험했다. 이 속에서 일본 기업들은 원가절감과 차별화 전략 등으로 어떻게든 판매가격 하락만은 피하고자 했다. 하지만 어려움을 참지 못한 일부 기업들이 판매가격 인하라는 금단의 영역에 손을 대기 시작했고 다른 기업들도 경쟁적으로 가격을 낮추기 시작했다.

사실 가격경쟁은 기업경영에 있어서 최후의 수단이다. 가격을 낮추면 웬만큼 판매 수량이 확대되지 않는 한 매출액은 감소한다. 또한 가격은 한 번 낮추면 다시 올리기 힘든 측면도 있다. 특히 경쟁자가 있으면 서로 연쇄적으로 가격을 낮추는 경쟁에 빠져든다. 소위 치킨게임식 경쟁이 발생하는 것이다. 이 게임은 겁쟁이 한계기업이 손들고 나가지 않는 한 끝나지 않는다. 이른바 '너 죽고 나 살자'는 경쟁인 것이다. 일본 기업의 경우 디플레이션 기간 중에 이러한 경쟁이 일상화되어버렸다.

일본의 대표적인 산업인 전기기계산업의 평균 도매물가지수의 변화를 살펴보면 1980년대 후반부터 한 해도 예외 없이 계속 물가지수가 하락했음을 알 수 있다.[25] 이것이 일본 기업이 직면한 현실이었다.

03
차원이 다른 원가절감

한편 저성장으로 판매단가가 하락하면 영업이익 또한 줄어든다. 소니와 파나소닉, 도시바, 모리나가, 닛신, 깃코만 등 일본을 대표하는 기업들은 지난 20년간 계속해서 영업이익률이 하락했다.[26] 대표적인 기업들이 이 정도였으니 다른 기업들은 말할 필요도 없다. 이것이 바로 저성장기의 현실인 것이다.

하락하는 영업이익률에 대응하려면 어떻게 해야 할까? 일본 기업들은 우선 피나는 원가절감 노력을 경주했다.

일본 기업들의 원가절감 노력은 세계적으로 유명하다. 오일 쇼크 시절에는 원가절감을 통해서 가격경쟁력을 유지했고 1985년의 플라자 합의 때도 피나는 원가절감 노력으로 고환율의 충격을 흡수하며 버블을 만드는 데 일조했다. 소위 마른 수건도 또 짜는 방식으로 원가를 줄이고 줄이면서 영업이익률을 확보해온 것이다.

하지만 일본의 디플레이션 경제하에서는 이것만 가지고는 한계가 있었다. 그 결과 일본 기업들은 자존심의 영역에까지 메스를 대기 시작했다.

1980년대에 일본식 경영이 세계적인 각광을 받았을 때 일본식 경영의 진수로 통하던 것이 3가지 있었다. 종신고용 제도와 연공서열 제도, 기업 내 노동조합이었다. 직원을 받아들이면 종신까지 고용하고 승진 때는 근속연수에 따라 사이 좋게 승진하며 또한 기업 내에 노동조합을 만들어 경영진과 함께 노사화합을 이룩해간 제도였다. 이러한 제도들은 '3가지 신기(神器)' 내지는 '인본주의(人本主義)'라고까지 자랑했던 제도였다.

하지만 오랜 저성장기 중에 이 제도들을 하나둘씩 버리지 않으면 안 되었다. 종신고용 제도는 구조조정과 명예퇴직 제도로 무너져갔고 연공서열 제도는 연봉제와 능력주의 승진제도로 변형돼갔다. 기업 내 노조도 계속되는 비정규직 증가와 고용 조정, 임금 하락 등으로 유명무실해졌다.[27] 일본식 경영의 진수로 자랑하던 제도에까지 손을 대지 않으면 안 되는 상황이 되었던 것이다.

또 하나 일본 기업들이 생존을 위해 손을 댄 것이 계열화와 지역토착주의다. 계열화도 1980년대 일본식 경영의 진수 중 하나였다. 일본 기업들은 경쟁력의 원천이 계열화에 있으며 이 계열화는 기업들이 서로 상생하고 협력하는 이상적인 제도라고 여겼다. 오죽했으면 'Keiretsu(게이레쯔, 계열)'라는 신종 영어 단어까지 만들며 계열화를

샤프의 경우 오사카에 있는 본사를 매각했다.

자랑했다.

하지만 계속되는 원가하락에 더 이상 계열을 유지할 수 없었다. 처음에는 계열관계를 유지한 채 원가절감을 하려고 했지만 더 이상 한계기업을 내버려둔 채 원가절감을 계속할 수 없었다. 차츰 한계에 다다르자 오래도록 하나의 가족, 하나의 계열을 주장하던 일본 기업들이 계열을 포기하기 시작했다.

일본 기업들이 버린 또 하나의 일본식 경영의 진수가 지역토착주의다. 우리나라의 '신토불이'처럼 일본 기업들은 지역토착주의를 내세워 자신의 근거지에 공장도 세우고 판매 회사도 세워 지역밀착형 생산과 판매를 영위해왔다. 특히 공장과 판매 지역에서는 지역 특산이나 지역 한정 판매 등을 통해 지역과의 밀착된 경영활동을 자랑해왔다. 하지만 계속되는 생산시설 폐쇄와 판매거점 통폐합으로 이런 자랑도 자취를 감추게 되었다. 원가절감이 전후 일본 기업들이 내세우던 자랑거리를 하나둘 포기하지 않으면 안 되는 상황까지 만들었던 것이다.

원가절감의 고통은 여기에서 끝나지 않았다. 창업 당시의 공장도 팔고 창업 당시의 본사도, 창업 당시의 회사도 팔아 연명하는 기업까지 생겨났다. 생존을 위해 줄일 수 있는 것은 무엇이든 줄이지 않으면 안 되는 극한 상황까지 발생했다.

어떻게 원가절감을 해야 이러한 상황까지 가지 않을 수 있을까? 이러한 상황까지 가게 된 데는 초기에 일본 기업들이 전통적인 방법으로 원가절감에 대처해왔기 때문이었다. 조금씩 원가절감을 해가며 그때그때를 넘기는 땜질식 방법을 취하다 보니 상황은 점점 더 악화되었던 것이다. 이 문제를 해결하기 위해서는 보다 근본적이고 보다 확실한 방법으로 원가를 절감하지 않으면 안 된다.

이제부터 일본 기업의 사례를 바탕으로 2가지 원가절감 방법을 제시하고자 한다.

04 슬림화와 동기화, 도요타에서 배워라

하나가 도요타의 사례다. 원가절감 하면 도요타가 떠오를 정도로 세계 최고의 원가절감 기업이 도요타다. 도요타는 '마른 수건도 또 짜는 회사'라는 별명을 가진 회사이고 잃어버린 20년간 생존하며 일본의 간판기업으로 등극한 기업이다.

도요타의 원가절감 노력은 우선 생산공장에서부터 시작되었다. 설립 초기 도요타는 소수 모델차종을 대량으로 생산하는 제너럴모터스나 포드와 경쟁하기 위해 많은 차종을 조금씩 생산하는 상반된 전략을 취했다. 소위 다품종 소량생산을 전략적으로 선택한 것이다. 지금도 도요타는 거의 100개나 되는 자동차 모델을 생산하고 있다. 20여 종의 모델을 생산하는 현대자동차와 비교해도 모델이 많음을 쉽게 알 수 있다.

소품종 대량생산했던 포드의 T형 모델 조립라인

다품종 소량생산 방식은 소수 모델을 대량으로 생산하는 방식에 비해 원가가 더 많이 든다. 하나의 모델을 대량으로 생산하기보다는 여러 모델을 조금씩 생산하니 원가가 많이 드는 것은 너무나 당연하다. 도요타는 특히 7대 요소(재고, 운반 및 수송, 가공, 동작, 불량품 제작, 과잉 생산, 작업 대기)가 원가를 잡아먹는 핵심 요소라고 보았다.

이 문제를 해결하기 위해 도요타는 2가지 방법을 찾아냈다. 하나가 혼류(混流) 생산방식이다. 이것은 컨베이어벨트 위에 여러 모델을 동시에 올려놓고 생산하는 방식이다. 예를 들어 카롤라 10대를 생산했다면 그다음에 캠리 7대와 크라운 8대를 생산하는 방식으로 차량을 조립해간다. 이렇게 3가지 차종을 동시에 생산하면서도 1가지 차종을 생산하는 것만큼의 원가경쟁력을 가지기 위해서는 작업자가 카롤라와 캠리, 크라운을 차례로 조합할 수 있는 능력을 가져야 한다. 소위 작업자의 다(多)기능화다.

원가경쟁력을 높이기 위해서 도요타는 한 걸음 더 나아가서 한 사람의 작업자가 여러 공정을 맡게끔 했다. 헤드라이트를 달면서 동시에 옆에 있는 경음기도 같이 달게 했다. 소위 다(多) 공정을 담당하게 함으로써 생산성을 더욱 높인 것이다.

혼류 생산방식과 더불어 도요타가 고안한 또 다른 원가절감책이 JIT(Just In Time)이다. 원하는 물건을 원하는 시간에 원하는 공정에 투입하는 방식이다. 작업자가 캠리의 헤드라이트를 달 때는 협력사가 캠리 헤드라이트를 공급해주고 크라운의 헤드라이트를 달 때는 크라운의 헤드라이트를 공급해주는 방식이다. 이렇게 하면 작업자가 헤드라이트를 찾아다닐 필요가 없기 때문에 작업시간과 대기시간, 동작시간 등을 절감할 수 있다.

이와 같은 방법으로 최고의 원가경쟁력을 갖춘 도요타도 불황기에는 커다란 타격을 받았다. 아무리 생산과정에서 원가를 절감하고 생산성을 높였더라도 완성된 자동차가 안 팔리면 회사는 망하는 법이기 때문이다. 즉 생산공정의 낭비보다는 완성된 제품의 낭비가 더 큰 원가손실인 것이다.

이 문제를 해결하기 위해 도요타는 영업 부문의 생산성 향상에 매진했다. 영업 부문에서 생산성을 최대로 향상하는 방법은 체계적으로 고객을 획득하고 한 번 잡은 고객을 영원한 고객으로 만드는 것이다.

도요타는 영업 생산성 향상을 위해 영업 체계를 풀(Full) 서비스 시

마른 수건도 또 짜는 방식으로 원가를 줄이는 데 노력한 대표적인 기업 도요타

스템으로 완전히 새롭게 개편했다. 풀 서비스 시스템이란 한 번 잡은 고객을 영원한 고객으로 만들기 위해 신차 판매뿐만 아니라 차량 정비, 보험, 리스, 중고차 거래와 같이 차량에 필요한 모든 서비스를 영업 담당자가 처리하게 하는 시스템이다. 소위 고객은 차만 즐기고(enjoy your drive) 차에 관한 골치 아픈 일은 모두 도요타 영업 담당자에게 맡기는 시스템을 구축한 것이다.

예를 들어 차량관리기록부도 영업 담당자가 작성하고 엔진오일 교환 시점도 영업 담당자가 고객에게 통보하며 혹시 차량 사고라도 나면 영업 담당자를 찾게 하는 시스템을 구축한 것이다. 그 결과 영업 담당자는 신차를 판매하고 난 뒤에도 고객을 계속 관리할 수 있게 되었고 고객들이 다음 신차를 구매할 타이밍도 정확히 파악해 영업할 수 있었다.

그 결과 도요타는 한 번 잡은 고객을 계속 보유할 수 있었을 뿐만 아니라 이들 고객들을 잘 관리함으로써 수요 예측과 수요 조정도 가능하게 되었다. 즉 어느 시점에 고객들이 신차를 구매할 수 있는지도 파악할 수 있게 되었고 경우에 따라서는 특정한 달에 신차를 구매할 고객을 그다음 달에 신차를 구매하도록 유도할 수도 있게 되었다.

이렇게 되자 도요타는 재고 판매가 아니라 주문 판매로 비즈니스 흐름을 완전히 바꾸었다. 자동차가 얼마나 팔릴지를 모르는 상태에서 생산하고 판매하는 종래의 시스템을 버리고 고객이 언제, 어떤 차종을 얼마나 살 것인지 예측하고 준비하고 있다가 주문을 받는 시점에 자동차를 조립해 전달하는 시스템으로 바꾼 것이다.

이것은 혁명적인 변혁이었다. 과거에는 자동차를 만든 뒤 재고 상태에서 판매하다 보니 불황 때가 되면 엄청난 원가손실을 입었다. 하지만 고객을 잡아두고 주문생산방식을 취하면 원가손실 없이 제품을 만들어 판매할 수 있다.

도요타의 이러한 원가혁명은 기업의 가치사슬을 구성하는 각 부문을 철저히 슬림화하는 것이었다. 부품의 구매부터 생산, 판매에 이르기까지 낭비나 비효율을 철저히 없애는 것이다. 또한 도요타는 자사뿐만 아니라 1차, 2차 협력회사나 물류회사, 딜러 판매점에까지 철저히 관여해 원가를 절감했다.

그뿐만 아니라 각 부문을 철저히 연결하고 동기화(Synchronizing)했다. 주문을 받으면 생산을 하고 생산을 할 시점에 협력회사로 하여금 부품을 투입하도록 해 중간에 생길 수 있는 재고와 낭비까지 철저히 없앴다.

한국 기업도 도요타가 행한 방식으로 원가를 철저히 낮추지 않으면 안 된다. 즉 모든 가치사슬을 슬림화함과 동시에 동기화해야 한다. 이와 같은 방법으로 원가혁명을 이룩하지 않으면 저성장기에는 살아남을 수 없다.

05 기존의 가치사슬을 파괴하라

또 하나 혁신적인 원가절감 방법은 가치사슬 전체를 재구성하는 것이다. 이 방법은 우리에게 잘 알려진 의류기업 유니클로가 좋은 사례다.

유니클로는 1984년에 일본 히로시마에서 1호점을 낸 조그마한 의류기업이었지만 일본의 저성장기에 급성장해 지금은 점포 수 2243개, 매출액 1조 3829억 엔의 거대 기업으로 성장했다. 이제는 일본을 대표하는 브랜드 가운데 하나가 되었고 유니클로를 창업한 야나이 다다시 회장은 4년간 일본의 최고 갑부로서 남들의 부러움을 사기도 했다.

하지만 한동안 유니클로는 일본의 기업들에게는 공공의 적이기도 했다. 유니클로가 가격 파괴를 무기로 의류시장의 질서를 파괴

의류산업의 고비용 구조를 뜯어고친 유니클로

해온 데다 일본 경제를 디플레이션으로 몰아가는 주범으로 간주했기 때문이다.[28]

유니클로는 어떻게 의류산업의 고비용 구조를 근본적으로 뜯어고쳤던 것일까? 유니클로의 사업모델을 살펴보면 잘 알 수 있다. 유니클로의 사업모델은 SPA라 불리는 제조소매다. 유니클로가 제품을 직접 기획하고 생산하고 유통하며 또한 제품을 판매까지 하는 것이다. 즉 한 기업이 제조에서 판매까지 모두 맡아 하는 사업모델이다.

이에 반해서 일본의 전통적인 의류산업은 도매업을 중심으로 한 복잡한 분업구조를 가지고 있었다. 어패럴 메이커(apparel maker)라는 도매기업이 전문화된 여러 하청기업들을 거느리고 하청에 하청을 주며 제품을 생산한다. 이렇게 생산한 제품을 백화점이나 패션 빌딩, 로드 사이드 점포에서 판매하고 이들 점포들은 높은 임대료를 주면서 고객들에게 대면판매 방식을 통해 제품을 판매하는 구조였다.

또한 어패럴 메이커와 판매점, 하청기업 간에는 반품이 가능해서 서로 리스크를 공유했다. 그리고 어패럴 메이커들은 대단히 세분화되어 있어서 판매점들은 각각의 브랜드를 모두 입점시키거나 여러 브랜드를 독자적으로 매입해 판매했다. 이 때문에 제품과 판매점의 다양성은 있지만 원가가 높아져 판매가격이 대단히 높았다. 과거에 일본에 가본 사람들은 일본의 백화점 등에서 의류 제품가격이 얼마나 높았는지를 실감할 수 있었을 것이다.

이러한 가격구조와 사업모델을 유니클로가 완전히 파괴했다. 우선 유니클로는 베이직 의류에만 특화했다. 마치 전자제품에서 완제품을 파는 기업도 있지만 부품만을 파는 기업이 있듯이 유니클로는 내복이나 캐주얼 의류만 판매했다. 그것도 부품처럼 어떠한 겉옷에도 어울리는 베이직 의류에만 특화했다.

또한 특정 성별이나 특정 연령층만 타깃으로 한 것이 아니라 남녀노소 누구나 입을 수 있는 옷에 집중했다. 이 때문에 기존의 어패럴 메이커가 다품종 소량생산을 한 것에 반해서 유니클로는 소품종 대량생산을 함으로써 단가를 획기적으로 낮출 수 있었다.

또한 유니클로는 중간에 도매상이나 상사를 거치지 않고 중국의 소수 대규모 공장에 직접 발주해 생산하는 방식을 취했다. 그것도 반품 없이 구매했기 때문에 구매단가를 대폭 낮출 수 있었다. 그리고 이들에게 구매한 후 다음 달 말에 4개월 어음으로 구매대금을 지급함으로써 현금 판매대금과의 시차를 충분히 활용할 수 있었다.

유니클로는 이렇게 생산한 제품을 간선도로변에 위치한 직영 점

저원가 구조로 성공한 유니클로 후리스

포를 통해 판매했다. 이 점포도 원가를 절감할 수 있는 구조를 갖추고 있었다. 우선 도심 점포가 아니라 간선도로변에 있는 점포이기 때문에 임대료가 쌌고 점포를 창고 형태로 만들어 건설비를 대폭 절약했다. 유니클로라는 브랜드 이름이 '독특한 의류 창고(Unique Clothing Warehouse)'라는 이름에서 온 것만 봐도 잘 알 수 있다.

또한 이 창고 같은 점포에서 대면판매 방식이 아닌 셀프판매 방식으로 제품을 판매했다. 고객들은 걸어놓은 전시품을 본 뒤 하단에 색상별 사이즈별로 쌓아놓은 제품을 직접 고를 수 있었다. 이렇게 하면 점장 한 사람만 정사원으로 두고 나머지 인력들은 모두 파트타이머로 고용할 수 있기 때문에 인건비를 대폭 줄일 수 있었다.

이렇게 기존의 의류 메이커들과는 완전히 다른 저원가 구조로 출발한 유니클로는 저성장기가 절정에 달한 1998년에 대박을 터트릴 수 있었다. 보통 의류점에서 우리 돈으로 10만 원 하던 후리스(fleece)를 5분의 1가격인 1만 9000원에 판매한 것이다. 모든 점포에서 고객들이 장사진을 쳤고 이 해에 유니클로는 후리스만 1000만 장 이상 팔았다. 이 선풍이 3년간 계속되어 2000년에는 2600만 장을 판매할 수 있었다.

이처럼 저성장기에는 고성장기에 갖추어진 사업모델을 파괴하고 완전히 새로운 사업모델을 창조함으로써 혁신적인 원가구조를 만들 수 있다.

저성장기 일본에서는 'Deconstruction(해체)'이라는 말이 유행했다. 즉 구축 내지 건축이라는 뜻의 'Construction'을 완전히 파괴한다는 의미다. 이와 같이 기존에 구축된 사업모델을 근본적으로 파괴해야 완전히 새로운 원가구조를 구축할 수 있다.

저성장기에 본격적으로 진입하면 한국 기업들은 기존의 원가절감방식으로는 생존할 수 없다. 기존의 방식과는 완전히 차원이 다른 방식으로 원가절감을 하지 않으면 안 된다. 이 때문에 원가절감이라는 말보다는 원가혁명이라는 말이 더 적당할 것이다.

한국 기업들은 기존의 가치사슬 전체를 파괴하고 재구성해야지만 저성장기에 살아남을 수 있다. 그것도 전 가치사슬을 철저하게 슬림화하고 또한 동기화해야 한다. 이것을 명심하고 지금부터라도 원가혁명에 돌입해야 한다.

10장

경영 생존 전략 2

가치를 혁신하라

01 성공하는 기업의 생존부등식

　서울대학교 윤석철 명예교수는 일찍이 '기업의 생존부등식'을 제시한 바 있다. 기업이 생존하기 위해서는 근본적으로 2가지 부등식을 충족시켜야 한다는 것이다. 그 첫 번째 조건이 제품의 가치가 제품의 판매가격보다 높아야 한다는 것이고, 두 번째 조건이 제품의 판매가격이 제품의 원가보다 높아야 한다는 것이다.

기업의 생존부등식

제품 가치 (Value) > 제품 가격 (Price) > 제품 원가 (Cost)

예를 들어 고객은 1000원짜리 캔커피를 살 때도 1000원 이상의 가치가 있다고 생각할 때 구입하기 때문에 캔커피는 적어도 1000원 이상의 가치를 지녀야 한다. 따라서 제품의 가치가 판매가격보다 높아야 한다는 첫 번째 생존 조건은 가장 중요한 조건이다.

두 번째 생존 조건은 캔커피의 원가가 판매가격인 1000원보다는 낮아야 한다는 것이다. 원가가 1000원보다 낮아야 기업은 이익을 얻을 수 있기 때문이다.

앞 장에서 살펴본 원가혁명은 바로 이 이익을 확보하기 위한 방법이다. 특히 저성장으로 제품의 판매가격이 계속 하락하는 상황에서는 원가혁명을 통해 제품의 원가를 계속해서 낮추는 것이 생존을 위해 대단히 중요하다.

문제는 생존부등식의 첫 번째 조건이다. 저성장으로 제품의 판매가격이 하락하는 상황에서 고객이 느끼는 가치가 고정되어 있다면 가치와 판매가격의 차이인 부가가치(value added)는 증대되는 듯이 보여 기업은 가만히 앉아서 가치를 높일 수 있는 것 같다.

하지만 이런 상황은 좀처럼 발생하지 않는다. 고객이 느끼는 가치는 고정되어 있는 것이 아니라 항상 변화하며 그 변화 양상은 기업의 기대와는 반대 방향으로 움직이기 때문이다.

고객은 기대(expectation)에 대한 결과(outcome)로 만족을 느끼거나 불만을 느낀다. 결과가 기대보다 높으면 만족을 느끼고 거꾸로 결과가 기대보다 못하면 불만을 느낀다.

앞의 예를 이용해 설명하면 캔커피를 마심으로써 1200원의 가치

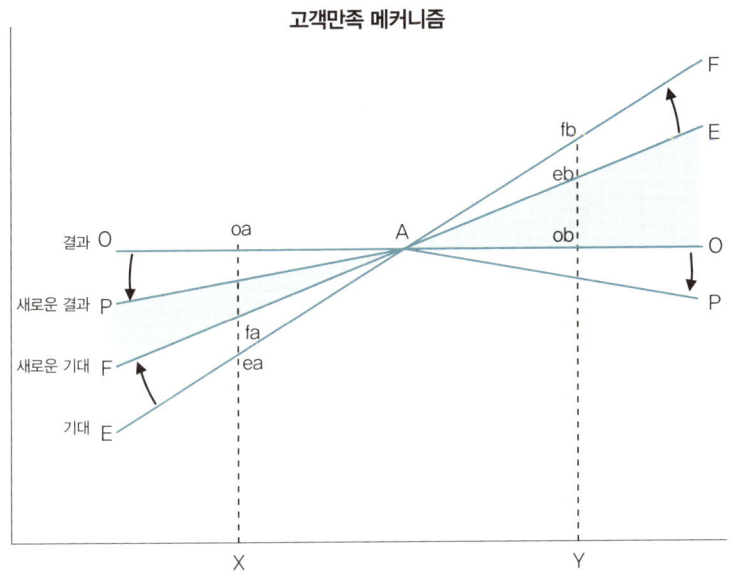

를 기대한 고객이 그 커피를 마셔본 결과가 1000원밖에 되지 않았다면 200원만큼 불만을 느끼는 것이다. 역으로 마셔본 결과 1500원의 가치가 있었다면 300원만큼의 만족을 느끼는 것이다.[29]

이를 그래프로 설명하면 위와 같다. 수평선 O는 결과를 나타내며 사선 E가 사전적인 기대를 나타낸다고 하면 그 차이가 만족과 불만이 된다. 즉 만족은 OAE존이 되며 불만은 EAO존이 된다.

문제는 고객이 한 번 이것을 경험하고 나면 그다음에는 이전의 결과를 당연시하고 그 이상을 요구하게 된다는 점이다. X지점에서 고객은 처음 oa-ea만큼의 만족을 경험하게 되지만 그다음에는 이 정도의 만족은 당연하게 생각해 새로운 기대 F가 생겨나 결과적으로 oa-fa만큼의 만족밖에 느끼지 않게 된다는 것이다.

불만도 마찬가지다. Y의 지점에서 처음에는 eb-ob의 불만밖에 안 느끼던 고객이 그다음에는 기대가 높아져 fb-ob만큼이나 큰 불만을 느끼게 된다.

기대만 이러한 것이 아니다. 결과도 항상 제자리에 머물러 있지 않는다. 경쟁자들이 더 좋은 결과를 가져다주면 결과에 대한 평가도 낮아지게 된다. 결과가 O에서 P로 하락함에 따라 그전에 느끼던 만족도도 줄어들게 된다.

불만도 마찬가지다. 이전에는 O정도를 평가해주었지만 경쟁자가 더 좋은 결과를 내놓는다면 자사의 결과에 대한 평가는 P로 하락해 불만은 더욱 증폭되는 것이다.

이 때문에 기업이 높아진 고객의 기대를 충족시켜 처음 정도의 만족을 주고자 한다면 이전보다 더 높은 결과를 제공하지 않으면 안 된다. 불만도 마찬가지다. 경쟁자의 출현 등으로 불만이 발생하면 기업은 더 높은 결과를 제공해주지 않으면 안 되는 것이다.

이것이 바로 기업의 숙명이다. 고객의 불만을 줄이고 만족을 제공하고자 열심히 노력하면 노력할수록 고객은 그다음에 이를 당연하게 받아들이고 그보다는 더 높은 결과를 기대하는 것이다. 그러면 또다시 그 기대를 충족시키기 위해서 더 노력해 더 높은 결과를 제공하지만 그다음에는 이 또한 당연한 것으로 받아들이기 때문에 기업은 더욱더 높은 결과를 제공해주기 위해 노력해야 한다.

이것은 마치 자전거를 타면서 넘어지지 않으려면 계속해서 페달을 밟아야 하는 것과 같다. 계속해서 높아지는 기대를 충족시켜주어야 고객은 만족한다. 만약 기업이 이러한 노력을 게을리한다면 어느 틈엔가 고객의 만족도는 낮아져 더 이상 자사의 제품을 구매하지 않게 된다. 그러면 그 기업은 소멸하게 되는 것이다.

  이처럼 고객이 기업에 기대하는 바는 점점 더 높아지기 때문에 이에 반비례해서 고객이 느끼는 가치는 하락하게 된다. 그러면 저성장으로 판매가격이 계속 내려가더라도 고객의 부가가치는 낮아지는 것이다. 야속하게 보이지만 이것이 바로 고객이다.

02 어떻게 혁신해야 성공할까?

유니클로의 가치혁신

어떻게 가치를 혁신해야 성공할까? 2가지 일본 기업의 사례로 이를 설명하고자 한다.

하나는 앞 장에서 살펴본 유니클로의 사례다. 유니클로는 원가혁명으로 원가도 낮추고 제품 판매가격도 낮추었다. 하지만 이것은 생존부등식의 한쪽만 충족시켜줄 뿐 또 다른 생존부등식을 충족시켜주지는 않았다.

유니클로는 고객가치를 증대시키기 위해 우선 제품에 기능성을 부여했다. 방한 겉옷인 후리스가 그 대표적인 예다. 전문 등산복 등에 사용되던 후리스를 얇게 만들어 누구나 편히 입을 수 있게 해 대

성공을 거둔 것이다.

또한 2006년에는 도레이와 공동개발로 보온성이 탁월한 히트텍(heat tech)을 개발해 판매했다. 이 제품은 얇으면서도 따뜻한 특성을 지니고 있어서 발매 후 4년간 6500만 장을 판매하는 신기원을 이뤘다.

유니클로는 기능성만으로 고객가치를 높인 것은 아니었다. 유니클로는 패션성도 가미해 고객의 감성에 호소하는 데도 성공했다. 예를 들어 방한용 후리스도 얇게 만들어 입기 편하게 했을 뿐만 아니라 여러 색상을 함께 갖추어놓아 어떠한 상황에서도 멋지게 입을 수 있도록 했다. 또한 패션성을 높여 어떠한 외투에도 어울리도록

유니클로의 가치혁신

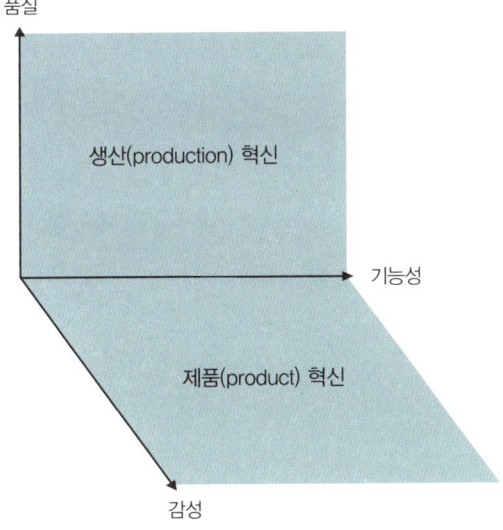

했다. 그 결과 일본의 유명 연예인이나 예술인들이 앞다투어 유니클로를 애용하게 되었고 유니클로는 소위 일본의 국민복이 되었다.

기능성과 감성이 제품면에서의 가치혁신이라면 유니클로는 생산면에서의 가치혁신도 함께 이뤘다. 유니클로는 중국의 협력 공장에서 제품을 생산함으로써 제조원가를 대폭 낮추었지만 동시에 '장인 프로젝트'라는 품질 프로젝트도 실시해 품질 수준을 대폭 높였다. 일본의 품질 전문가들이 중국의 협력공장에 파견되어 소비자들의 눈높이에 맞는 제품 품질을 구현했던 것이다.

이처럼 유니클로는 제품과 생산 측면에서 가치혁신을 해 고객들이 기꺼이 구매하고자 하는 제품을 만들었다. 이와 동시에 원가혁신도 함께 이뤄 일본에서 최고의 매출과 최고의 이익을 창출하는 패션기업이 되었다.

닌텐도의 가치혁신

유니클로와 함께 저성장기에 가치혁신을 이룩한 대표적인 일본 기업이 닌텐도. 닌텐도는 1983년에 패밀리 컴퓨터라는 가정용 게임기를 발매해 게임기 시장을 창조한 기업이다. 그 이후 '드래곤 퀘스트'나 '파이널 판타지'와 같은 인기 소프트웨어도 함께 발매하며 게임기 시장을 이끌었다.

게임기는 크게 가정용 게임기와 업무용 게임기로 나뉜다. 즉 가

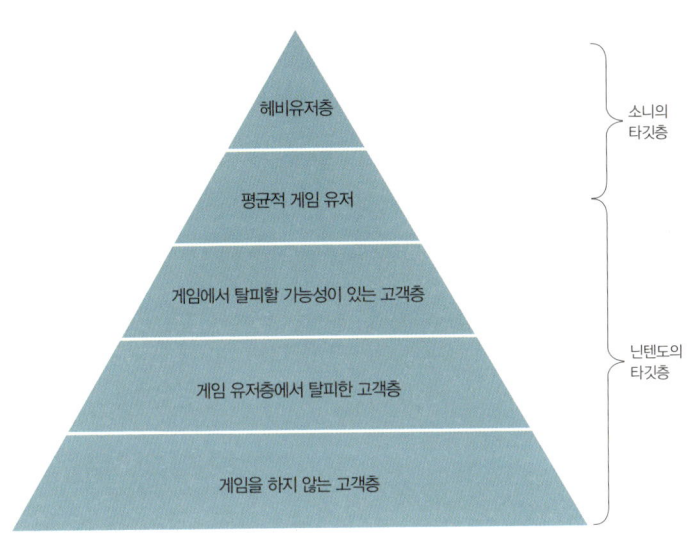

정에서 즐기는 게임기와 업소에서 돈을 내고 즐기는 업무용 게임기로 구분되는 것이다. 가정용 게임기에는 텔레비전과 연결해서 즐기는 거치형이 있고 들고 다니면서 게임을 즐기는 휴대형이 있다. 닌텐도는 1989년에 '게임 보이'라는 휴대형 게임기를 개발해 게임기 시장 전체를 확대시켰다. 이후 닌텐도는 거치형 게임기와 휴대형 게임기를 번갈아 출시하면서 게임기 시장을 석권했다.

하지만 1994년에 소니가 플레이스테이션을 들고 이 시장에 진입함에 따라 상황은 완전히 달라졌다. 거대 가전기업인 소니는 뛰어난 전자기술과 막강한 자금력으로 무장해 이 시장을 석권하기 시작했다.

닌텐도도 '닌텐도64' 등을 투입하며 소니에 대항했지만 소니도

닌텐도 위

'플레이스테이션2'를 발매하며 1등 시장 지위를 고수했다. 닌텐도가 가치혁신을 통해 위(Wii)라는 신제품을 내놓기까지 10여 년간 닌텐도는 소니와의 경쟁에서 계속 졌다.

닌텐도 위는 이와타 사토루 사장이 새롭게 부임함에 따라 탄생했다. 이와타 사장은 '플레이스테이션1·2·3'으로 고기능화되고 있는 소니 제품과는 동일한 선상에서 싸울 필요가 없다고 보았다. 그보다는 고기능화에 질려 이탈한 고객이나 전혀 게임을 하지 않는 신규 고객을 노려야 한다고 보았다.

또한 이와타 사장은 새로운 고객들이 요구하는 가치는 기존의 고객들이 요구하는 가치와 다르다고 보았다. 소니를 이용하는 고객들은 혼자 골방에 틀어박혀서 대전 게임을 즐기는 사람들 중심이었고 이들은 고화질에 고성능 게임기를 원하는 고객들이었다.

가치혁신을 이룬 닌텐도의 이와타 사토루 사장

이에 비해서 새로운 고객들은 가족들과 함께 게임을 즐기며 다 같이 웃고 즐기는 커뮤니케이션 수단으로서의 게임을 더 요구하는 사람들이었다. 특히 닌텐도는 패밀리 컴퓨터라는 최초의 게임기를 출시할 때부터 '가족'을 의식했다. 하지만 소니와의 경쟁 속에서 자신들이 애초부터 추구한 가치를 잃어버렸던 것이다.

이와타 사장은 가족의 중심인 엄마를 타깃으로 '엄마 지상주의'를 표방하면서 엄마들이 좋아하는 가치를 집중적으로 추가했다. 종래 게임기의 가치를 대폭 버리는 대신에 간단한 조작이나 운동, 가족 게임과 같은 새로운 가치를 대폭 추가한 것이다.[30]

이것이 크게 인기를 얻으면서 닌텐도는 대성공을 거두었다. 2006

닌텐도가 제공한 새로운 가치

	기존 가치	새로운 가치
타깃층	개인, 헤비유저	가족, 라이트유저
커뮤니케이션	대전 상대	체험, 단란
소프트웨어	대전, 슈팅, 공략	생활, 취미, 오락
하드웨어	고화질, 화상 처리 속도	소형, 무선, 저에너지
조작성	고난도 (손가락 중심)	간단, 직감 (몸 전체)
핵심가치	기술성능 지상주의	엄마 지상주의

년 닌텐도 위 발매 후에 3년 만에 매출액이 18조 원으로 3.6배 증가했고 영업이익도 1조 원에서 5조 5000억 원으로 증가했다. 특히 시가총액 부문에서는 도요타와 미쓰비시은행에 이어 일본 기업 3위를 기록했다.

물론 닌텐도는 그 이후 스마트폰 게임시장 대응에 실패하며 한동안 어려움을 겪기도 했지만 저성장기에 일본에서 가치혁신을 이룬 대표적인 기업 중 하나였다.

03 가치혁신에 성공하는 4가지 방법

닌텐도는 새로운 가치를 추가하거나 낡은 가치를 제거함으로써 혁신할 수 있었다. 그러나 저성장기에 일본에서 가치혁신을 이룬 기업들을 보면 이러한 방법만 있는 것은 아니다. 기업의 가치사슬 중 일부를 제거하거나 강화, 믹스함으로써 가치혁신을 이룬 기업들도 많았다. 아래에서는 각 부분의 대표적인 사례를 살펴보고자 한다.[31]

제거

저성장기 일본에서 고객만족도 1위를 기록하며 고객 이용률 70%, 객실 가동률 90%를 기록한 호텔이 있다. 안전과 청결, 숙면을 신조로 하는 슈퍼호텔(Super Hotel)이다. 슈퍼호텔은 숙면을 실현하기 위해 철저한 방음과 크고 편안한 침대, 선택 가능한 베개를 갖추어놓은 데다 천연온천 무료 서비스도 같이 제공하는데도 불구하고 숙박 요금이 10만 원 정도에 불과했다.

　슈퍼호텔이 이러한 서비스와 요금을 실현할 수 있었던 것은 철저

저성장기 일본에서 고객만족도 1위를 한 슈퍼호텔

하게 불필요한 가치사슬의 특정 부분을 제거했기 때문이다.

우선 슈퍼호텔은 체크인이 셀프다. 호텔에 도착한 후 로비에 있는 자동체크인 기계에 요금을 내면 방 번호와 비밀번호가 발행되는데 이 비밀번호를 가지고 방에 들어가면 된다. 방에는 숙면을 위한 설비만 있고 전화기나 판매용 물품도 없다. 추가정산을 할 필요가 없기 때문에 체크아웃을 할 때도 그냥 호텔을 나서기만 하면 된다. 즉 이 호텔은 불필요한 가치사슬을 철저히 제거하는 대신 그 돈으로 고객이 원하는 가치는 철저히 높이는 전략으로 대성공을 거두었다.

이렇게 성공한 기업들 중에는 지하철역에 있는 이발소인 QB하우스와 고급 커피 판매로 대성공을 거둔 세븐카페 등이 있다.

강화

가치사슬 강화로 대성공을 거둔 일본 기업으로 '나의(Oreno) 레스토랑'이 있다. 이 회사는 대단한 인기를 기반으로 '나의 일본요리' '나의 한국요리' 등으로 사업을 확장했는데 대성공을 거둔 기반은 도쿄 긴자에 출점한 '나의 프렌치 레스토랑'과 '나의 이탈리안 레스토랑'이었다.

나의 프렌치 레스토랑(좌)과 나의 이탈리안 레스토랑(우)

    이 레스토랑들은 최고의 셰프들이 최고의 식자재를 사용해서 최고의 요리를 제공하지만 가격은 대단히 저렴했다. 예를 들어 '캐비아 병째로'라는 메뉴는 철갑상어 알인 캐비아를 병째로 제공하는 요리인데 이 메뉴 가격이 1만 원 정도에 불과하다. 긴자 지역의 다른 경쟁 레스토랑에서 5만 원 정도에 제공하는 요리를 5분의 1 가격으로 제공하는 것이다.

    '나의 레스토랑'이 이러한 가격을 실현할 수 있었던 것은 다른 레스토랑과는 달리 입석제로 운영되기 때문이다. 즉 고객들은 예약 없이 들어온 뒤 입석 테이블 주변에 서서 담소를 나누며 식사를 한다. 이렇게 하면 고객 회전율을 높일 수 있다. 주변 프랑스 요리 레스토랑이 1일 한 테이블당 1회전을 하는 데 비해서 '나의 레스토랑'은 한 테이블당 평균 3.5회전을 한다. 더구나 입석 테이블을 놓기 때문에 같은 평수 안에도 더 많은 테이블을 놓을 수 있다.

'나의 레스토랑'은 이렇게 절감된 원가를 고급 식재료에 투자한다. 다른 레스토랑의 식재료 원가율이 30% 정도인 데 비해서 이 레스토랑은 60% 가까이 된다. 고객들은 맛있는 최고급 프랑스 요리를 값싸게 먹을 수 있다는 점 때문에 점포 앞에서 장사진을 친다.

믹스

믹스는 가치사슬 중 매장이나 구매, 판매, 판촉 등에 다른 업종의 제품이나 서비스 등을 믹스함으로써 새로운 고객가치를 창조하는 방법이다.

저성장 시대에 급성장한 일본의 드러그 스토어 기업인 마쓰모토 기요시나 종합 할인점인 돈키호테, 서점 체인인 빌리지 뱅가드(Village Vanguard) 등이 그 대표적인 사례다.

드러그 스토어는 한국에서도 올리브영 등이 벤치마킹하며 성공을 거두고 있는 업종이다. 한국에는 약사법 규제 때문에 건강식품과 화장품류밖에는 팔지 않지만 저성장기에 일본에서는 이 규제가 완화되어 약품과 생활잡화 등을 함께 믹스해 판매할 수 있게 되었다.

이 사업 기회를 간파한 마쓰모토 기요시는 여러 업종의 제품을 믹스해 고객에게 원스톱 쇼핑의 즐거움을 제공하며 급성장했다. 일본 남성들이 퇴근할 때 꼭 동네 편의점에 들리듯이 일본 여성들은 퇴근할 때 꼭 드러그 스토어에 들린다고 할 정도로 없어서는 안 될 생활밀착형 기업이 된 것이다.

종합 할인점 돈키호테

단순화

이 방법은 가치사슬상의 특정 업무를 표준화하고 간소화함으로써 가치를 혁신하는 방법이다.

일본에서 헌책방으로 대성공을 거둔 북오프(Book Off)가 이 방법을 사용했다. 기존의 헌책방은 주인이 좋은 헌책을 얼마나 잘 선별하는지 그리고 얼마에 구입하고 얼마에 파는지가 사업 성공의 열쇠였다.

하지만 북오프는 이를 모두 표준화했다. 북오프는 헌책을 정가의

단순화 전략으로 성공한 북오프

10%에 구입해 깨끗이 포장한 뒤 정가의 50%에 판매하는 방법을 사용했다. 이렇게 하면 전문가가 아닌 아르바이트생들조차도 구매 및 판매를 할 수 있어서 인건비를 대폭 절약하게 되었다.

또한 고객들도 버릴 수밖에 없는 헌책을 조금이라도 돈을 받고 판매할 수 있을 뿐만 아니라 헌책방에 간 김에 다른 좋은 책을 반값에 살 수 있기 때문에 북오프를 많이 이용했다.

이처럼 업무를 단순화해 저성장기에 대성공을 거둔 기업들로는 중고차 매매 전문점인 걸리버나 가사 대행 업체인 베어즈, 어린이

학습지 기업인 구몬 등이 있다.

이처럼 한국 기업들도 가치사슬 중 일부를 제거하거나 강화, 믹스, 단순화함으로써 가치혁신을 이룩할 수 있다.

04
창조성과 불타는 투혼

　서울대학교 윤석철 명예교수는 생존부등식의 첫 번째 조건인 가치혁신은 창조성(creativity)의 영역에 속하고 두 번째 조건인 원가혁신은 생산성(Productivity)의 영역에 속한다고 보았다. 이처럼 가치혁신을 이루기 위해서는 창조성이 크게 요구된다.

　창조성이라 하면 많은 사람들이 천재의 영역에 속한다고 생각한다. 하지만 보통 사람들도 창조성을 발휘해 얼마든지 가치혁신을 이룰 수 있다.

　창조성을 발휘하는 좋은 방법 중의 하나가 '시장지향성'을 갖는 것이다. 항상 시장에 관심을 가지고 시장의 흐름을 잘 살펴보고, 그 속에서 고객들의 요구와 불만들을 찾아내는 것이다.

　시장지향성을 가지기 위해서는 4가지의 눈이 필요하다고 한다.

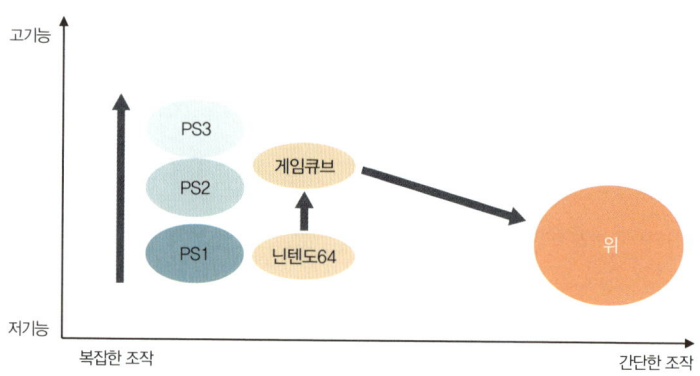

하나는 벌레의 눈이다. 잎사귀 뒤에 숨어서 바람결 하나라도 놓치지 않는 벌레의 세세한 눈이 필요하다는 것이다. 개별 고객들의 움직임과 불만, 요구들을 하나도 놓치지 않는 눈이 필요한 것이다.

또 다른 눈이 새의 눈이다. 잎사귀에 묻혀서 숲을 보지 못하는 우를 범하지 않기 위해서는 시장 전체를 조감하고 시장의 큰 흐름을 읽을 수 있는 눈이 필요한 것이다. 닌텐도가 게임기시장에서 큰 흐름을 보고 게임 인구의 변화를 읽어낸 것은 바로 이러한 눈이 있었기 때문이다.

세 번째가 어린이의 눈이다. 어린이처럼 호기심 많고 순수한 눈으로 시장을 바라보아야 한다는 것이다. 기업만 쳐다보고 기업의 제품만 팔아 치우겠다는 생각을 가지면 시장이 제대로 보이지 않는다. 또한 이미 다 있다거나 이미 다 해보았다는 선입관을 가지고 시장을 봐서는 안 된다는 것이다.

마지막으로 필요한 눈이 어른의 눈이다. 어린이처럼 호기심 많게 이것저것 다 보고 다닌다고 해서 시장과 고객의 흐름이 제대로 보이는 것은 아니다. 어린이 눈으로 본 것을 어른의 냉철한 시각으로 취사선택해야 한다. 많은 고객들 중에서 특정 고객을 선택하는 선구안도 있어야 하고 고객들의 여러 가지 가치 중에서 과감히 버려야 할 가치도 찾아낼 수 있어야 한다.

한편 시장지향성을 가진다고 해서 가치혁신이 자연스럽게 이뤄지는 것은 아니다. 피터 드러커는 시장지향성을 가지고 시장을 새롭게 창조하려고 해도 많은 장벽에 부딪히게 된다고 말했다. 기존의 가치를 고수하려는 부서도 있고 총론에는 찬성하지만 각론에는 반대하는 사람도 있기 때문이다. 드러커는 이것을 타파하기 위해 혁신이 필요하다고 했다.

혁신이라고 하면 앞서 유니클로의 사례에서 살펴본 것처럼 제품혁신이나 생산혁신을 생각하는 경우가 많다. 하지만 가장 중요한 혁신은 가치혁신을 거부하고 부분 최적화를 고집하는 흐름을 뒤바꿔놓는 것이다.

유니클로의 야나이 다다시 사장은 1승 9패의 상황 속에서도 굴하지 않고 새로운 고객가치를 창조하고자 했다. 또한 닌텐도의

1승 9패에도 굴하지 않은 유니클로의 야나이 다다시 사장

이와타 사토루 사장도 10년간 계속 소니에 패하면서도 방향 전환을 거부한 사람들을 일일이 설득하며 새로운 가치축을 만들었다. '나의 레스토랑'의 사카모토 다카시 사장은 저성장기에 프랑스 레스토랑은 안 된다는 상식을 뒤엎고 고객들이 가게 앞에서 장사진을 치는 레스토랑을 만들었다.

이나모리 가즈오 교세라 명예회장은 이것을 '투혼'이라고 했다. 그것도 그냥 투혼이 아니라 '불타는 투혼'이라고 했다. 저성장이라는 침체의 늪에 빠져 허우적거리는 기업들 속에서 고객에게 새로운 가치를 제공하고자 필사적으로 노력하는 경영자들에게 가장 필요한 것은 '불타는 투혼'이라는 지적이다. 이나모리 명예회장 또한 이 투혼으로 적자에 허덕이던 일본항공(JAL)을 단 2년 만에 회생시켰다.

창조성도 가치혁신도 결국에는 이러한 투혼에서 나오는 것이다.

이나모리 가즈오 명예회장이 쓴 「불타는 투혼」의 원서

11장

경영 생존 전략 3

영업력을
강화하라

01 천대받던 영업

한국의 기업 간 관계는 갑을 관계가 지배하고 있다. 대기업은 갑이고 중소기업은 을이며, 구매기업은 갑이고 공급기업은 을인 구조가 만연해 있다. 이것을 시정하고자 한동안 상생관계나 동반성장 관계를 부르짖었지만 좀처럼 개선되지 않는 것이 현실이다.

기업 간 관계에서만 갑과 을이 있는 것은 아니다. 기업 내부 부서 간에도 갑을 관계가 있다. 전사의 자금을 총괄하는 재무팀은 갑 중의 갑이고 이를 집행하는 부서들이 모두 을이 된다.

대표적인 을 중의 을이 영업현장이다. 영업지사나 영업지점과 같은 현장조직은 본사와 떨어져 각 지역에 흩어져 있는 경우가 많기 때문에 전형적인 을의 부서라고 할 수 있다. 본사 부서에 소속되어 있다가 영업지사로라도 발령을 받으면 마치 좌천된 것처럼 생각하는 것도 이 때문이다.

본사 내에 있는 영업본부나 영업총괄도 마찬가지다. 본사 내에 있을 따름이지 재무팀이나 인사팀, 기획팀 등에 비하면 이 또한 을이다.

한동안 취업을 앞둔 젊은이들 사이에 유행처럼 회자된 말이 있다. 취업 후 가장 가고 싶은 최고의 부서가 '재비인기 부서'라는 말이다. 비인기 부서가 최고로 가고 싶은 부서라니 엉뚱하게 들릴지 모르지만 이것은 어디까지나 젊은이들이 사용하는 농담이다. 하지만 그 농담 속에는 젊은이들의 진심이 담겨 있다.

'재비인기 부서'란 재무팀과 비서실, 인사팀, 기획팀의 첫머리 글자만을 딴 것이다. 돈을 만지는 재무팀, 미래전략실과 같은 비서실, 인사를 주무르는 인사팀, 전사 기획을 총괄하는 기획팀이 가장 가고 싶은 부서라는 것이다. 여기에 비하면 영업본부나 영업총괄은 본사 내 부서 중에서도 가장 가고 싶지 않은 부서인 것이다.

왜 이런 현상이 벌어진 것일까? 크게 기업과 학교에 원인이 있다.

우선 한국 기업이 아직도 조선시대처럼 사농공상(士農工商)으로 계층화되어 있기 때문이다. 똑똑한 인재들은 본사에 집중되고 그중에서도 '재비인기 부서'처럼 핵심 부서에만 몰리고 그렇지 않은 인재들은 영업이나 생산, 물류와 같은 현장 부서로 배치되다 보니 이런 현상이 벌어지는 것이다. 또한 기업의 운영 또한 본사는 계획을 입안하고 현장 부서가 이를 집행하는 구조고, 현장 부서의 관리 권한이 또다시 본사에 집중되다 보니 이런 현상이 벌어지는 것이다. 한국이

근대화된 지 오래고 기업들 또한 많은 발전을 이뤘지만 기업문화 속에 아직도 조선시대의 케케묵은 구습이 남아 있는 것이다.

이렇다 보니 회사 최고경영자(CEO) 중에 영업직군 출신이 별로 없다. 주로 기획이나 재무, 인사 출신이 많고 영업직군 출신은 거의 없다. 간혹 영업직군 출신이 최고경영자가 되더라도 실권은 다른 부서 출신이 가지고 있는 경우가 많고 영업성과가 조금만 떨어지기라도 하면 가차없이 교체되기도 한다.

하지만 해외기업을 보면 전혀 다르다. 일본만 하더라도 영업 출신 최고경영자가 생산 출신 최고경영자와 더불어 가장 많다. 미국도 마찬가지다. 맥도날드나 메리어트 호텔과 같은 판매 및 서비스 회사뿐만 아니라 제너럴일렉트릭과 시스코시스템즈와 같은 전자 IT 업종에도 영업 출신 최고경영자가 많다. 마이크로소프트의 전 CEO인 스티브 발머도 1등 세일즈맨이었다. 젊은이들이 많이 선망하는 유명 투자은행이나 매킨지와 같은 컨설팅 회사에도 영업 출신 최고경영자가 많다.

영업을 천대하고 관리를 중시하는 한국 기업 문화는 세계적으로 봐도 대단히 기이한 현상 중 하나다.

영업이 천대받는 또 다른 이유는 대학 교육에 있다. 특히 경영학 교육이 영업을 천대하고 있다. 한국의 경영학은 학문의 성격상 실학(實學)임에도 불구하고 교육 자체는 이론 중심으로 편재되어 있다. 그것도 관리론 중심으로 이루어져 있다.

단적인 예로 생산관리를 가르치는 경영대학은 많지 않다. 과목

세일즈맨 출신인 마이크로소프트의 전 CEO 스티브 발머

상으로는 생산관리가 들어 있지만 많은 내용이 오퍼레이션 리서치(OR)나 의사결정론, 공급관리(SCM)론 등으로 이루어져 있다. 이 때문에 실제로 생산 공장이 어떻게 돌아가고 어떻게 생산해야 최고의 제품을 만들 수 있는지를 학생들이 잘 모른다.

하지만 영업은 생산관리보다 더 심각하다. 과목으로 영업관리를 가르치는 대학은 한국 내에서 한 군데도 없다. 영업은 가르치지 않고 대신 마케팅을 가르친다. 마케팅을 가르치면서 인적 판매 편의 일부로서 영업을 가르친다. 수업시간으로 보면 2% 정도밖에 안 된다.

문제는 기업들의 직군 수요는 그 반대라는 것이다. 삼성전자나 현대자동차의 마케팅 직군 수요는 소수에 불과하다. 마케팅 본부나 마케팅실에 필요한 교체 인력이 고작이기 때문이다. 이에 비하면 영업 직군은 수십 명 단위로 모집한다. 해외 영업총괄이나 지사, 지점에 신규로 필요한 영업인력이 많기 때문이다.

  문제는 대학과 기업의 인력 수급 불균형에서 끝나지 않는다. 대학 교육 과정 중에 마케팅이나 다른 관리 부분을 열심히 공부하다 보면 자연스럽게 생산이나 영업은 열등한 직군으로 인식되기 십상이다. 이렇다 보니 이들 직군을 희망하는 학생들은 거의 없고 또한 취업 후 이들 직군으로 인사 발령이라도 나면 마치 좌천된 것처럼 느끼는 현상이 발생하는 것이다.

02 미운 오리새끼에서 백조로

저성장기가 되면 천대받던 영업의 기업 내 역할이 완전히 달라진다. 소위 그간의 미운 오리새끼에서 백조로 탈바꿈하는 것이다.

왜 그럴까? 손익계산서의 구조를 보면 금방 알 수 있다. 수천 년 동안 인류가 장사를 하고 기업을 경영하면서 후손들에게 많은 유산을 남겼지만 그중에 가장 중요한 유산이 손익계산서와 대차대조표다. 이 문서에는 기업경영의 노하우가 응축되어 있다.

손익계산서는 일정 기간 동안 기업을 경영한 활동의 결과가 표시되는데, 그중 가장 중요한 결과가 제일 위에 표시되는 매출과 매출원가다.

매출은 기업이 생산한 제품을 판매한 결과이며 매출원가는 이 제품을 생산하는 과정에서 발생한 원가의 총합이다. 즉 기업이 좋은

손익계산서의 구조

단위: 100만 원

매출	17,855
매출원가	16,590
매출 총 이익	1,265
판매관리비	895
영업이익	370
영업 외 수익	310
영업 외 비용	430
법인세 차감 전 순이익	250
법인세 등	80
당기순이익	170

제품을 만들고 그것을 열심히 판 결과가 가장 위쪽에 표시되는 것이다.

그렇다면 잘 만드는 것과 잘 파는 것 중에 어느 것이 더 중요할까? 손익계산서상에는 잘 파는 것이 더 중요하다고 표시되어 있다. 이것은 아무리 좋은 제품을 만들더라도 안 팔리면 손실이 되는 손익계산서상의 원칙(수익실현의 원칙)이 있기 때문이다. 즉 매출원가는 어디까지나 투자된 원가이기 때문에 이 제품이 팔려야 매출로 인식되고 팔리지 않으면 특별 손실(Loss)로 인식되는 것이다.

이러한 손익계산서의 구조 속에서 매출원가를 발생시키는 기업의 가장 중요한 활동이 생산이며 매출을 일으키는 가장 중요한 활동이 바로 영업이다. 이 때문에 기업의 활동 중에 중요한 것이 생산과 영업이며 이 중 더 중요한 활동이 영업인 것이다.

그러면 많은 한국 기업들이 가장 중요하게 여기는 재무팀의 성과는 손익계산서상에 어떻게 표기될까? 재무팀이 자금 운영을 아무리 잘하더라도 그 성과는 영업 외 수익으로 인식되며 손익계산서상 하단에 표기될 뿐이다.

저성장기가 되면 보통의 기업들은 경비를 줄임으로써 이익을 확보하려고 한다. 하지만 손익계산서의 구조에서도 알 수 있듯이 경비를 줄여봤자 매출원가나 판매관리비의 일부밖에 줄일 수 없다.

오히려 분모에 해당하는 매출액을 유지하면 줄일 수 있는 경비의 규모도 커지기 때문에 손쉽게 경비를 줄일 수 있다. 경우에 따라서는 매출액이 늘어나면 경비를 크게 줄이지 않고도 이익을 확보할 수도 있다.

이처럼 저성장기에 보통의 기업들이 경비를 줄이는 데 관심을 기울이지만 실제로는 줄어드는 매출을 유지하는 것이 더 중요하다. 이 때문에 매출을 유지하는 영업활동이 저성장기가 되면 더욱 각광을 받는 것이다.

03 영업력을 강화하는 5가지 방법

저성장기에 줄어드는 매출을 만회하기 위해서는 영업이 분발해야 하며 이를 위해서는 회사의 영업력이 향상돼야 한다. 그렇다면 어떻게 하면 영업력을 향상시킬 수 있을까? 몇 가지 방법을 제시하면 다음과 같다.

영업의 사기 고양

첫 번째 방법이 영업 부문의 사기를 고양시키는 것이다.

영업은 회사 내의 조직 가운데 사기를 먹고사는 가장 대표적인 조직이다. 회사 내 조직 가운데 회식이 가장 많은 부서가 영업이며 단합대회, 분기별 세미나, 반기 워크샵, 새해 경영방침 설명회 등을 자주 열어 사기진작을 도모하는 부서 또한 영업이다. 이러한 영업 조직의 특성상 사기를 높이는 것이 영업력을 향상시키는 주요한 방법이다.

특히 저성장기에는 영업이 회사의 근간임을 주지시킴으로써 사기를 고양시킬 수 있다. 영업이 회사의 가장 중요한 버팀목으로서 매출을 유지해줘야 회사가 버틸 수 있음을 주지시켜야 한다. 그리하여 회사는 영업을 더 이상 을로서가 아니라 갑 중의 갑으로 취급할 것을 선언해야 한다. 이것만으로도 영업은 분발하게 되고 그 결과 영업력도 향상되기 시작한다.

영업 조직은 특이하게도 어려울 때 분발하는 경향이 있다. 기업환경이 좋을 때는 별로 노력도 하지 않고 나서지도 않는다. 나서보았자 을 중의 을로 크게 대접을 못 받을 것이라는 자조적인 인식도 일부 작용하기 때문이다.

사실 기업환경이 좋을 때는 노력해봤자 별로 표시가 나지 않는다. 기업환경이 좋기 때문에 영업력이 있는 기업이나 영업력이 없는 기업이나 매출이 함께 상승하기 때문이다.

또한 힘들여 매출 상승을 이뤄봤자 회사는 기업환경이 좋기 때문에 나타난 결과라고 생각할 뿐 영업이 크게 노력해서 얻어낸 성과라고 좀처럼 인정하지도 않는다.

하지만 저성장기가 되면 상황은 일변한다. 영업 조직이 분발해 열심히 노력한 기업은 매출을 유지하지만 그렇지 못한 기업들은 매

영업 조직은 워크숍 등을 자주 열어 서로의 노하우를 공유하고 사기를 진작한다.

출이 여지없이 줄어든다.

또한 상황이 어렵다는 사실을 기업들도 알고 있기 때문에 영업에 기대하는 바도 크고 그 성과도 높이 평가한다. 따라서 저성장기야말로 영업이 발 벗고 나설 수 있는 시점이다. 제대로 된 실력을 보여줄 수 있는 시점이자 노력하면 그 이상의 평가도 받을 수 있는 시점이다.

이럴 때 회사가 나서서 영업의 중요성을 인정해주고 사기를 고양시켜준다면 영업 조직은 크게 고무될 것이다. 또한 이것이 한 사람 한 사람 영업인들의 노력으로 연결된다면 큰 성과도 낼 수 있을 것이다.

업의 재정의

영업력을 강화시키는 또 다른 방법은 영업의 업(業)을 정확히 규정하는 것이다.

어떠한 업종이든 업을 분명히 정의하는 것이 일을 제대로 수행할 수 있는 기초가 된다. 하지만 영업은 업의 정의가 불분명한 경우가 많다. 많은 경우에 영업을 판매(Sales)로 착각한다. 즉 영업을 주어진 제품을 판매하는 업으로 보고 할당된 판매 목표를 달성하는 일로 생각하는 것이다. 이렇다면 굳이 영업이라고 부를 필요가 없다. 영업이라고 부르지 않고 '판매'라고 부르면 모두가 이해하기도 쉽고 일을 수행하기도 쉬워진다. 영업을 판매가 아닌 영업이라고 정의하는 데에는 영업이 판매와는 다른 측면이 있기 때문이다.

인류의 오랜 상업의 역사상, 영업은 산지와 소비지를 연결하는 업을 수행해왔다. 산지에서 조달한 상품을 소비지에 가서 팔고 소비지에서 필요한 상품을 산지에서 조달해오는 역할을 수행해왔던 것이다.

그러다 산업혁명 이후 산지가 공장이 되면서 영업이 기업 조직 내부로 흡수돼버렸다. 공장에서 생산된 제품을 시장에 내다 팔고 시장에서 요구하는 제품을 만드는 역할로 바뀐 것이다. 이 중 생산된 제품을 시장에 내다 파는 활동이 판매에 해당되고 시장이 요구하는 제품을 생산 부문에 전달하는 활동이 마케팅에 해당된다.

물론 20세기 초반에 마케팅이 탄생하면서 시장의 움직임을 파악

18세기 중반, 영국에서 시작된 산업혁명은 영업의 역할을 뒤바꾸어 놓았다.

하고 이를 토대로 제품을 기획하고 가격을 설정하며 유통전략을 수립하고 광고판촉을 실행하는 활동으로 그 영역이 확장되었지만 마케팅이 영업의 기본 활동임에는 변함이 없다.

하지만 마케팅이 새로운 학문으로 주목을 받으면서 새롭고 고귀한 영역으로 간주되고 영업은 낡고 미천한 활동으로 간주됐다. 혹은 마케팅은 포괄적이고 전략적인 활동으로 간주되고 영업은 보다 세분화되고 부수적인 활동으로 격하되기도 했다.

이러한 경향은 기업 활동을 왜곡시키는 결과를 낳았다. 마케팅은 본사 업무가 되고 영업은 판매만을 전문으로 하는 현장 업무가 되었다. 그 결과 영업에 종사하는 사람들조차도 영업은 판매라는 생각을 갖게 되었다.

또한 이러한 경향은 기업의 성과를 방해하는 결과를 낳았다. 영업이 마케팅 영역과 판매 영역으로 세분화되다 보니 양자가 통합되지 않고 경우에 따라서는 상호 대립하면서 시장에서의 성과를 오히려 떨어뜨리는 부정적인 결과를 낳기도 했다.

이러한 경향을 시정하고 영업 경쟁력을 강화하기 위해서는 영업을 분명히 정의해야 한다. 영업의 역사와 마케팅의 역사를 분명히 주지시키면서 영업이 마케팅과 판매를 포괄하는 중심적인 활동임을 각인시켜야 한다.

나비의 몸통처럼 영업은 산지와 소비지, 생산과 시장을 잘 조율해야 하는 부문에 해당된다. 나비가 양 날개를 잘 움직여야 높이 날 수 있듯이 몸통인 영업이 양자를 잘 조율할 때 비로소 기업은 성과

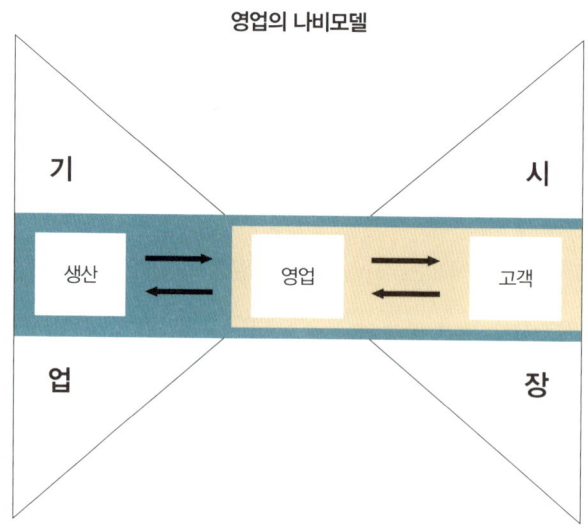

영업의 나비모델

를 낼 수 있는 것이다. 만들어진 제품을 시장에 잘 전달하면서 체계적으로 판매해야 할 뿐만 아니라 시장의 흐름을 잘 읽으면서 잘 팔릴 수 있는 제품 정보를 생산 부문에 전달해줘야 한다.

 이러한 활동은 서로 분리되지 않고 상호 연결되어 있다. 자신들이 요구한 제품이기에 더 큰 애착을 가지고 판매를 할 것이며 시장에서 열심히 팔다 보면 소비자의 요구와 경쟁환경을 잘 반영한 제품을 기획할 수 있는 것이다.

 특히 저성장으로 시장에서의 경쟁이 치열해지고 판매 성과와 효율이 그 어느 때보다 강하게 요구될수록 생산 부문과 소비 부문을 더욱 조화롭게 연결시킬 필요가 있다.

주먹구구식 영업에서 과학적 영업으로

영업력을 강화하는 또 다른 방법은 영업을 과학화하는 것이다.

 그간 영업을 방치해두다 보니 영업의 세계가 어떻게 이루어져 있는지 알 수 없었다. 소위 블랙박스(Black Box)에 담겨 있었다. 고성장기에는 가만히 놓아두어도 성과가 났었기 때문이다. 또한 매출 목표를 할당해 내보내기만 하면 어느 정도 그 목표를 달성할 수 있었고 간혹 목표에 미달하더라도 모아놓고 윽박지르면 어느 정도 성과를 달성해오기도 했기 때문이다.

 이렇다 보니 고성장기에 영업의 세계에서는 신화가 난무했다. 누구는 항상 놀기만 하는데 목표를 달성했다는 둥, 누구는 고객과 술만 마시는데 큰 수주를 받아왔다는 둥 검증되지 않은 이야기가 많았다.

영업 간부쯤 되면 유명한 신화를 한두 개는 가지고 있어서 후배들 앞에서 이를 자랑하거나 이를 토대로 질책하기도 했다. 또한 회사의 판매왕이 된 영업사원들은 전 영업사원들 앞에서 신화화된 성공담을 이야기하기도 했다.

하지만 이러한 이야기들은 어디까지나 '호랑이 담배 피우던 시절'의 이야기에 불과하다. 시장이 성장하고 고객들의 주머니가 두둑하던 시절이었기에 가능한 이야기였다. 저성장기가 되면 고객들은 한 푼이라도 아끼려고 하고 기업 간 경쟁 또한 이전투구식 경쟁으로 바뀌게 된다. 그러면 더 이상 영업 과정을 블랙박스에 방치해둘 수 없다. 과정을 과학적으로 엄밀히 분석하고 조금이라도 성과를 낼 수 있는 방법을 찾아야 한다.

일본의 한 의료기기 판매 기업은 영업사원들의 행동을 면밀히 분석해 큰 성과를 냈다. 이 회사는 저성장기에 돌입하자 영업사원 간에 성과 차이가 크게 나는 이유를 철저히 분석했다. 그 결과 영업 역량이 부족한 사원들은 열심히 영업활동을 하는데도 불구하고 제대로 된 영업성과를 내지 못하고 있었다. 반면 뛰어난 역량을 가진 영업사원들은 의외로 열심히 하지 않으면서 회사의 평균적인 영업성과보다 조금 높은 정도의 성과만을 내고 있었다. 그 결과 회사의 전체적인 영업성과는 하향 평준화되고 있었던 것이다.

이러한 분석결과를 토대로 이 기업은 영업방식을 개인형 영업에서 조직형 영업으로 바꾸었다. 이전에 개별적으로 영업하던 방식을 버리고 5명을 한 팀으로 만들어 그들에게 광역 상권을 관리하도록 한 것이다. 즉 영업 역량이 뛰어난 영업사원은 먼저 광역 상권을 순회하면서 가망 고객을 선정하는 역할을 했고 나머지 3명은 선정된 가망 고객들을 방문하면서 수주를 받는 역할을 했다. 마지막으로 역량이 떨어지는 사원은 수주를 받은 거래처에 의료기기를 배달하고 설치하며 고객서비스를 수행하는 역할을 했다. 그 결과 역량이 뛰어난 영업사원은 팀장으로서 책임감을 갖고 광역 상권을 돌면서 가망 거래선을 선정했고 나머지 팀원들은 그들의 역량에 맞는 업무를 수행하면서 전체적인 영업성과를 효율적으로 달성해나갔다.

　이처럼 블랙박스로 간주해 방치해두었던 영업과정을 면밀히 분석해 보다 과학적이고 체계적인 영업으로 전환한다면 영업력은 자연스럽게 강화될 것이다.

영업전략의 과학화

저성장기에 영업력을 강화하는 또 다른 방법은 영업전략을 잘 수립해 집행하는 것이다. 전략이란 기업의 활동을 상황에 맞게 전개하는 것을 말한다. 영업전략도 영업환경에 맞게끔 이뤄져야 한다.

　고성장기에는 영업환경이 좋았기 때문에 영업전략을 면밀히 세울 필요가 없었다. 이렇다 보니 전형적인 하나의 영업방식이 영업전략의 기본이 되기도 했다. 대표적인 예가 몸으로 때우는 체력형 영업과 봉사형 영업이었다.

체력형 영업은 열심히 하는 영업방식이다. 열심히 거래처를 방문하고 열심히 설명하며 어떡하든 근면성실로 성과를 내려는 영업방식이다. 봉사형 영업도 마찬가지다. 업무 종료 뒤에라도 회식을 같이하고 주말에는 접대 골프나 예식 참가 등으로 영업성과를 달성하려는 영업방식이다.

하지만 저성장기에는 이러한 막무가내식 영업 혹은 주먹구구식 영업으로는 제대로 된 성과를 낼 수 없다. 영업상황을 냉철히 분석해 각 상황에 맞는 영업전략을 구사해야 한다.

영업상황에 맞는 영업전략을 도식화해보면 오른쪽 표와 같다. 가로축에는 고객분석을 토대로 고객이 성과를 내는 방법을 알고 있는지 없는지를 표시하고, 세로축에는 동일하게 영업을 실행하는 회사가 고객 문제 해결책을 알고 있는지 없는지를 표시한다.

고객이나 회사가 모두 해결책을 알고 있다면 체력형 영업전략이 가장 좋은 영업방식이다. 모두 해결책을 알고 있으므로 분초를 아껴가며 고객에게 물건을 공급해주는 방법이 가장 효과적이기 때문이다. 이에 반하여 회사는 해결책을 아는데 고객은 이를 모를 경우에는 제안형 영업방식이 가장 좋다. 해결책을 모르는 고객을 체계적으로 설득하기 위해서는 제안이 가장 좋은 방법이다.

고객은 해결책을 알고 있는데 회사는 그 방법을 모르고 있을 경우

상황에 따른 영업전략

		고객	
		알고 있음	모름
기업	알고 있음	체력형	제안형
	모름	봉사형	워크숍형

에는 봉사형 영업전략이 가장 좋다. 접대하면서 고객의 속내와 진심 어린 충고를 받아들여야 영업에 성공할 수 있다.

마지막이 워크숍형 영업이다. 회사도 고객도 해결책을 모를 경우에는 함께 머리를 맞대고 해결책을 찾아나가야 한다.

이처럼 주먹구구식으로 영업을 전개하는 것이 아니라 영업상황을 잘 분석한 다음 상황에 맞는 영업전략을 구사해야 한다. 또한 끊임없이 영업상황을 점검하며 영업상황이 바뀌면 그에 맞게 영업전략을 수정해야 한다.

영업관리의 과학화

저성장기에 영업력을 강화하는 마지막 방법은 영업관리를 체계화하는 것이다.

고성장기에는 영업성과를 내기가 수월했기 때문에 영업관리를 엄격히 하지 않았다. 대표적인 예가 과정관리다.

영업을 관리하는 방식에는 크게 결과(Outcome)를 관리하는 방법과 과정(Process)을 관리하는 방법이 있다. 판매 대수나 매출액과 같이 영업활동의 결과를 관리하는 방법이 결과관리라면 이러한 결과를 내기 위한 과정을 관리하는 방법이 과정관리다. 방문 빈도수나 제안 건수, 철저한 인사 등이 과정관리의 대표적인 항목들이다. 이러한 활동이 제대로 이루어지면 영업결과도 자연스럽게 나타날 것이라는 전제하에 이뤄지는 중간적인 관리활동이 과정관리다.

고성장기 초기에는 영업활동을 결과로 관리했다. 가만히 두어도 좋은 결과가 나오기 때문에 굳이 과정을 관리할 필요가 없었다.

하지만 고성장기 후기에 접어들면서 영업성과를 달성하기가 조금씩 힘들어지자 기업들은 과정관리를 중시하기 시작했다. 영업관리자들은 영업결과를 빨리 알고 싶어 했고 또한 영업성과를 조기에 담보할 수 있는 과정을 미리 관리하고 싶어 했다. 특히 이 시기에는 정보기술이 급속히 발달해 영업사원의 동선이나 영업활동, 영업성과를 실시간으로 관리하는 방법이 갖추어짐에 따라 과정관리는 급속히 확산됐다.

문제는 이러한 추세가 저성장기에도 계속 이어지면서 과정관리 항목이 너무 많아지거나 과정관리 항목이 너무 빈번히 바뀌었다는 데 있다. 그 결과 영업사원을 관리하는 항목(KPI: Key Performance Index)이 10개가 넘는 현상이 벌어졌다. KPI가 10개가 되면 평균적으로 각 항목의 평가점수가 10점에 불과하다. 관리자들은 10점이면 크다고 생각하지만 영업 담당자에게 있어서는 그렇게 크지 않다.

왜냐하면 열심히 해도 8점 정도고 무시해도 5점 정도면 결국은 3점 차이밖에 나지 않기 때문이다. 그리고 이러한 평가항목이 자주 바뀐다면 열심히 해보았자 곧 바뀔 것이기 때문에 별로 신경을 쓰지 않게 되어 결국 관리하는 의미가 약해진다.

하지만 오랫동안 영업은 결과로 평가돼왔다. "숫자가 인격"이라는 말처럼 과정이 어떠하든 결과만 좋으면 된다는 것이 영업의 세계였다. 특히 대부분의 영업이 회사 밖에서 이뤄지기 때문에 오랜 기간 동안 과정을 관리할 방법도 없었다. 결국 마감 후의 판매대수나 매출액을 가지고 평가하는 것이 일반적이었다.

저성장기가 되면 시장점유율이나 이익과 같은 영업의 결과가 중요해진다. 그러면 대부분의 영업은 이 두 항목으로 평가돼야 한다. 나머지 20~30% 정도가 과정관리 항목이 돼야 하며 그 항목 수도 한두 개로 족하다.

특히 과정관리 항목은 영업활동 과정을 과학적으로 엄밀히 분석해서 결과를 창출하기 위해 가장 중요하고 확실한 항목을 찾아 넣어야 한다. 혹은 시시각각으로 변화되는 영업환경을 보면서 그 시점에 꼭 필요한 과정관리 항목을 넣어야 한다. 그래야 영업현장은 중요한 결과평가 항목에 집중하게 되고 또한 동시에 그 결과를 도출해낼 수 있는 한두 가지 과정관리 항목에 집중하게 되는 것이다. 이것이 저성장기에 영업력을 강화하는 방법이다.

04 '영업의 신'에게 배우자

기업들은 어려울 때 영업을 찾는다. 시장 상황이 어렵고 경쟁이 치열할수록 영업이 분발하길 기대한다. 영업이 분발해야 매출을 끌어올릴 수 있고 그래야 기업 전체가 잘 돌아갈 수 있기 때문이다. 저성장기도 마찬가지다. 시장은 축소되고 경쟁은 더욱 치열해지기 때문에 영업을 찾을 수밖에 없다.

하지만 대부분의 기업들은 영업력을 강화하기보다는 경비를 우선 절감하려고 한다. 그러나 앞에서도 지적한 것처럼 경비를 절감하는 데는 한계가 있다. 그보다는 매출을 확대하거나 유지하는 것이 더 중요하다.

저성장기에 일본의 기라성 같은 전기전자 기업들이 힘든 시기를 보냈다. 산요는 도산하고 샤프는 해외기업에 팔려나갔고 소니와 파나소닉 등은 적자가 나서 계속해서 구조조정을 했다. 이 때문에 '전자왕국 붕괴'라는 말까지 생겨났다.

하지만 히타치는 역으로 수주 영업을 강화함으로써 창업 후 최대의 매출과 영업이익을 기록했다. 이처럼 영업력을 강화하면 저성장기에 생존할 가능성은 더욱 높아지는 것이다.

자동차 산업도 마찬가지다. 영업력이 강하기로 소문난 도요타자동차는 저성장기에 시장점유율을 더욱 높였고 반면 영업력이 약한 닛산자동차는 적자가 누적되어 외국기업에 팔려나가는 수모를 겪었다.

우리나라에서는 도요타가 생산을 잘하는 기업으로 알려져 있지만 사실 일본에서는 '기술의 닛산, 영업의 도요타'로 알려져 있다. 즉 기술은 닛산이 우수하고 도요타는 영업을 잘한다는 것이다.

사실 도요타에는 일본에서 '판매의 신, 영업의 신'으로 추앙을 받은 가미야 쇼타로라는 걸출한 인물이 있었다. 가미야 쇼타로는 영업의 총책임자로서 도요타의 영업 기반을 구축했을 뿐만 아니라 도요타를 영업주도형 기업으로 탈바꿈시킨 사람이다. 또한 일본에서 고객 제일주의와 동반 성장 이론을 제시하고 이를 실천으로 옮긴

영업의 신으로 추앙받은 가미야 쇼타로

영업을 강조하는 것으로 유명한 일본전산의 나가모리 시게노부 사장

인물이기도 하다.

이에 비하면 도요타에는 생산의 신도 없고 품질의 신도 없다. 그 정도의 생산과 품질은 일본의 다른 자동차 기업들도 충분히 할 수 있기 때문이다.

반면 기술력이 뛰어난 닛산은 좋은 차는 많이 만들었지만 이를 제대로 판매로 연결시키지 못해 결국 외국기업에 팔려나가는 신세가 되었다.

또한 우리나라에도 잘 알려진 일본전산의 경우도 마찬가지다. 일본전산은 신입사원을 채용할 때 목소리가 큰 사람, 밥 빨리 먹는 사람 등을 뽑는 것으로 유명해진 기업으로 나가모리 시게노부 사장의 지휘하에 저성장기에 역으로 엄청나게 성장한 기업 중 하나다. 일본전산의 성장 원동력은 바로 나가모리 사장의 경영철학에 있다.

"'기술은 우리가 세계 최고니까 팔린다'라고 생각하는 것은 잘못이다. 첫 번째로 중요한 것은 영업이고 두 번째도 마찬가지다. 세 번째 네 번째는 없고 다섯 번째가 개발이고 열 번째가 생산이다"라는 유명한 말을 남겼다.

나가모리 사장 스스로가 기술자 출신이다. 세계 최고의 기술을 자랑하는 일본전산에서 오히려 나가모리 사장이 중시한 것은 영업이었다. 잘 파는 것이 중요한데 잘 팔기 위해서는 영업직원 한 사람 한 사람이 자신감이 넘치고 스피드가 있어야 한다는 것이다. 그러기 위해서는 목소리도 크고 밥도 빨리 먹는 직원이 필요하다는 논리였다.

사실 일본 기업들은 고성장기의 성공신화에 도취되어 좋은 물건을 만들면 팔린다고 생각했다. 이 때문에 생산이라는 말까지 버리고 '혼이 담긴 생산'이라는 의미의 순수 일본말인 '모노즈쿠리'라는 말을 자주 사용했다.

하지만 나가모리 사장의 말처럼 세계 최고의 기술이니까 팔리고, 세계 최고의 품질이니까 팔리던 시대는 지나갔다. 저성장기에는 경쟁사보다 더 빨리 고객들을 찾아가고 보다 더 적극적으로 고객을 설득하는 영업이 있어야 제품이 팔린다. 이와 같은 철학이 저성장기에 회사를 발전시킨 원동력인 것이다.

저성장기를 맞이하는 한국 기업들도 이러한 자세와 철학을 배워야 한다.

12장

경영 생존 전략 4

민첩성을 높여라

01
낯선 세계로의 출발

 오랜 저성장기를 거치면서 일본 기업인들 사이에 유행한 농담이 있었다. 연못에 큰 고기와 작은 고기가 있었는데 지금은 어떻게 되었냐는 물음이었다. 80년대나 버블 때처럼 일본 기업들이 한창 잘나갈 때는 큰 고기와 작은 고기가 함께 사이좋게 지내고 있을 것이라는 대답이 정답이었다.

 옛날부터 일본은 사이좋게 지내는 것을 강조해왔다. 역사적으로는 우리의 삼국시대에 해당하는 일본의 아스카 시대에 사이좋게 지내는 것을 율령으로 만들어 공포한 적이 있었다. 또한 상업적으로도 우리의 개성상인에 해당되는 오미 지역 상인들이 '사는 사람도 좋고 파는 사람도 좋고 세상도 좋아야 한다'라는 구호하에 함께 공평히 나누어 갖는 전통도 있었다.

현대에 이르러서는 '판매의 신'으로 추앙받던 도요타자동차의 가미야 쇼타로 사장의 동반 성장론도 있었다. 그는 "판매점의 번영이 있어야 비로소 생산자의 번영이 있습니다. 판매점 착취를 통한 번영은 있을 수 없습니다"라는 가미야이즘(Kamiyaism)을 주장했다. 또한 "첫 번째가 고객이고 두 번째가 판매점이며 세 번째가 도요타"라는 유명한 말을 남기기도 했다. 특히 그는 이러한 주장을 기업현장에서 구체적으로 실천함으로써 신의 반열에까지 올랐다. 이러한 전통이 여러 기업들에게 공유되면서 '동반성장'과 '상생경영'이 일본 기업의 기본적인 윤리규범으로 정착되기도 했다.

하지만 오랜 저성장은 기업들의 이러한 전통과 윤리규범까지 바꿔놓기 시작했다. 처음에는 어려움도 공유하면서 어떻게든 함께 사이좋게 살아보려고 했지만 환경이 더 이상 이를 허락하지 않았다. 버티다 못한 기업들이 하나둘 자기만이라도 살아야겠다는 식으로 행동하더니 급기야는 서로 먹고 먹히는 극한 상황까지 가게 되었다. 이것이 20년간 저성장의 고통을 겪은 일본 기업들의 모습이었다. 이 때문에 큰 고기와 작은 고기가 함께 사이좋게 지내고 있을 것이라는 대답이 빠른 고기가 느린 고기를 잡아먹었을 것이라는 대답으로 바뀌어버린 것이다.[32]

현재 일본을 대표하는 경영자 중 한 사람인 세븐앤드아이홀딩스의 스즈키 도시후미 회장은 "지금 일본 기업들에게는 조령모개가 상식이 되었다"라고까지 이야기했다. 신뢰를 중요시하고 경솔한 판단을 죄악시했던 일본 경영자들이 '아침에 내린 의사결정을 저녁에

뒤집는 일'을 다반사처럼 하기 시작한 것이다. 이처럼 급변하는 환경에 빠르게 그리고 유연하게 대응하는 기업만이 생존할 수 있는 상황이 '새로운 현실'이 되어버린 것이다.

아이러니하게도 처음 '새로운 현실'이란 단어가 유명하게 된 계기는 일본 기업들 때문이었다.

1985년에 필립 코틀러 교수는 『새로운 경쟁(The New Competition)』이라는 책에서 '새로운 현실'이라는 단어를 써 유

필립 코틀러의 「새로운 경쟁」 원서 표지

행시켰다. 이 책은 책 표지에서 볼 수 있는 바와 같이, 1970년대와 1980년대에 걸쳐 미국시장에 물밀듯이 밀려오는 일본 기업들이 기존의 미국 기업들이 사용했던 전략과는 완전히 다른 전략을 사용하고 있으니 이러한 '새로운 현실'을 제대로 직시해야 한다고 주장한다.

그 유명한 일본 기업들의 침투 전략과 대결 전략, 포위 전략, 우회 전략 등 게릴라식 전략을 방불케 하는 전략을 소개한 것이 이 책이다. 또한 극동의 작은 섬나라 기업들의 신출귀몰한 전략에 대처하기 위해서는 미국 기업들의 전략과 조직, 의사결정 시스템을 완전히 뜯어고쳐야 한다고 주장한 것도 바로 이 책이다.

하지만 역사는 다시 돌아 새로운 현실을 만들었던 일본 기업들이

이젠 새로운 현실을 직면하게 되었다. 그것도 신출귀몰하게 미국 기업들을 공략하며 속도와 유연성의 극치를 보여주었던 일본 기업들이 느러터진 초식성 공룡으로 전락한 뒤에 다시금 속도와 유연성이 필요한 기업이 된 것이다.

이러한 역사적 아이러니는 앞으로 닥칠 저성장기에 한국 기업들에게도 똑같이 닥칠 것이다. 빠르다는 한국 기업들이지만 지금보다도 더 빠른 속도를 필요로 하는 시대가 도래할 것이다. 특히 변혁의 세기라는 21세기에 이미 진입한 상태에서 겪게 될 저성장기에는 상상을 초월하는 속도와 유연성으로 대응하지 않으면 안 될 것이다. 일본 기업들은 어떻게 이러한 변화에 대응했는가? 그 속에서 한국 기업들이 배워야 하는 점은 무엇인가?

02
민첩성 강화 방법 1
현장 대응력을 길러라

전통적으로 한국 기업들은 '빨리빨리' 정신으로 움직였기 때문에 대단히 빠른 것으로 인식돼왔다. 사실 일본 기업 중에 빠른 기업으로 소문났던 소고기 덮밥 가게인 요시노야(Yoshinoya)조차도 한국 시장에 진출한 뒤 한국 국밥집의 속도에 당해내지 못하고 철수했을 정도였다.

요시노야는 고객이 가게에 들어온 뒤 자판기에 있는 다양한 메뉴 중에 하나를 고르고 점원에게 주문하는 방식으로 운영된다. 주문을 받은 점원은 고객에게 차를 내주고 주방에 있는 점장은 밥을 담고 불고기를 얹은 뒤 내놓는다.

하지만 여기에 소요되는 시간이 한국의 국밥집보다는 길었다. 한국의 국밥집은 메뉴를 고를 필요도 없이 고객이 가게에 들어오면

빠른 일본 기업으로 유명한 요시노야

서 "아줌마 국밥 하나 주세요"라고 외치면 된다. 그러면 한 아줌마는 반찬을 가져오고 다른 아줌마는 밥에 국을 부어 나른다. 물론 다른 요인도 있었지만 이런 속도에 못 이겨 결국 요시노야가 한국에서 철수했던 것이다.

하지만 가만히 들여다보면 국밥집의 속도는 직원들의 수에서 나온다. 반찬을 나르는 직원과 주방에서 일하는 직원, 카운터를 보는 직원들이 총동원돼 이러한 속도가 나오는 것이다. 즉 한국 기업의 속도는 인력의 투입(input)량에서 나오는 것이다.

하지만 요시노야의 속도는 단 두 명의 직원들에게서 나온다. 그것도 점장 한 명에다 아르바이트생 한 명이 전부다. 점장이 없는 시간대에는 아르바이트생 한 명 내지 두 명이 점포를 운영한다. 이것이 가능한 이유는 자판기나 요리기구들이 기계화되어 있기 때문이기도 하지만 점포 운영이 모두 매뉴얼화되어 있어 이 매뉴얼만 제대로 준수하면 어느 가게나 동일한 속도와 품질을 낼 수 있기 때문이다.

이에 비하면 한국의 국밥집은 많은 인력에 의존하고 있을 뿐만 아니라 업무의 기계화와 표준화, 매뉴얼화가 제대로 되어 있지 않다. 이 때문에 국밥집을 프랜차이즈 등으로 확대하기가 대단히 힘들다. 어렵게 복수 점포화하더라도 동일한 속도와 맛과 효율이 나오지 않는 것이다.

이러한 문제점은 위기에 더욱 노출된다. 세월호 사건 당시 배에는 많은 직원들이 승선해 있었지만 인원만 많았을 뿐 침몰 위기에 제대로 대응하지 못했다. 교체로 투입된 선장은 전혀 도움이 되지 못했고 많은 승무원들 또한 어떻게 대처해야 되는지 제대로 몰랐다. 일부 승무원들이 자신의 판단으로 승객들을 구하다 안타깝게 희생되었지만 대부분은 교육도 받지 않고 매뉴얼도 없는 상황에서 자신들만 살아 나왔다. 이것이 한국 조직의 한 단면이다.[33]

일본 기업들도 저성장기에 이와 비슷한 시행착오를 경험한 적이 있었다. 저성장으로 각 부문마다 인력이 남아돌자 그중 많은 인력을 현장으로 보냈다. 하지만 현장에 인원만 많이 투입한다고 생산성이 향상되고 상황 대처능력이 향상되는 것은 아니었다. 오히려 현장의 효율을 떨어뜨리고 민첩성을 약화시키는 결과를 초래했다.

이러한 시행착오 끝에 일본 기업들은 우선 현장 인력을 대폭 줄이는 작업을 실시했다. 대부분의 기업에서는 잉여인력이 투입되기 전보다 훨씬 줄어든 인력만으로 현장을 운영했다. 필요하면 설비나 기계화로 작업을 보완하거나 대체해버렸다.

또한 일당백의 소수 정예요원만을 정사원으로 둔 뒤 나머지 인력들은 비정규직으로 채워 넣었다. 이때 큰 힘을 발휘한 것이 지식경영이었다.

지식경영이란 저성장기에 일본의 히토츠바시대학교의 노나카 이쿠지로 교수가 제시한 유명한 경영이론이다. 소수의 정예요원들과 다수의 비정예요원들로 조직환경이 바뀌자 지식을 보다 체계화하고 상호 공유하는 것이 대단히 중요해지기 시작했다. 이를 위한 이론을 만들어 제시한 것이 노나카 교수였다.

노나카 교수는 지식을 암묵지(tacit knowledge)와 형식지(explicit knowledge)로 구분했다. 암묵지란 경험과 학습 등을 통해 개인에게 내재화된 지식을 말하며, 형식지란 정형화되고 문자화된 지식을 말한다. 암묵지가 문서화되지 않은 개인의 감이나 노하우를 말한다면 형식지란 문서화되고 매뉴얼화된 지식을 말한다.

지식경영으로 유명한 노나카 이쿠지로 교수

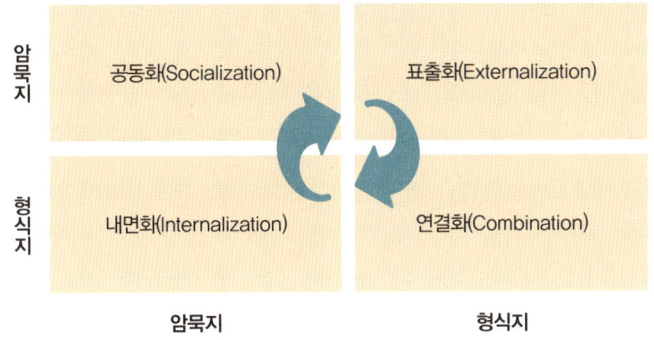

 또한 노나카 교수는 암묵지와 형식지와의 상호 전환을 통해 지식이 새롭게 창조된다고 주장했다. 예를 들어 조직의 암묵지는 다른 멤버들과의 교감을 통해 암묵지로 전달되기도 하고 문서나 매뉴얼로 만들어져 형식지로 표출되기도 한다. 또한 형식지들이 상호 연결되어 새로운 형식지로 만들어지기도 하고 이 형식지를 깊이 있게 내면화함으로써 새로운 암묵지로 전환되기도 한다는 것이다.

 조직의 멤버가 슬림화되고 소수의 정예요원으로 압축되면 그간 많은 정예요원들이 가지고 있던 암묵지들이 사라지게 된다. 이 암묵지를 형식지화해 여러 멤버들에게 공유하는 것이 저성장기에 대단히 중요하다. 또한 이렇게 형식화된 지식도 그냥 두는 것이 아니라 다른 멤버나 다른 부서의 지식과 상호 결합해 새로운 형식지로 체계화하는 것 역시 중요하다. 그리고 이러한 지식을 새로 참가하게 된 비전문요원들에게 교육하고 전수하는 것 또한 중요하다.

 한발 더 나아가서 일본의 일부 기업들은 제조현장에서 개인이 보유한 암묵지를 모두 드러내 시각화하기 시작했다. 이것이 발전해 현장의 모든 내용들을 드러내놓는 '눈에 보이는 경영'으로 체계화되어 다른 조직에 적용되기도 했다.

이처럼 일본의 제조현장에서는 소수정예화와 형식지화, 시각화 등을 통해 작업 효율도 높이고 현장 대응력도 증대시켜나갔다.

03

민첩성 강화 방법 2
마켓센싱하라

제조현장에서의 변화뿐만 아니라 판매현장에서의 변화도 함께 일어나야 한다.

전통적으로 일본 기업들은 고객만족을 최고의 기업가치로 여겨왔다. 또한 이러한 가치관은 최고경영자에서 말단 판매원까지 모두 공유됐고 또한 실천됐다. 이것이 과거 일본 기업들이 가진 경쟁력의 원천 중 하나였다.

미국도 이러한 점을 인정했다. 1980년대 말에 있었던 「뉴욕타임스」의 리처드 케네디 기자가 쓴 다음과 같은 에피소드는 이러한 일본 기업의 경쟁력을 잘 말해준다.

한번은 일본 기업들이 강한 이유를 조사하기 위해 일본을 방문해

취재한 결과 특이한 사실 2가지를 발견했다.

하나는 일본 기업의 경영자들에 대한 인터뷰였다. 이들 경영자들에게 자사의 성공 비결을 물어보았지만 만족할 만한 대답이 거의 없었다. 미국 기업의 경영자들이라면 성공 전략을 확실하게 말하지만 일본 기업의 경영자들은 그렇지 못했다. 다만 기업의 창업 이념이나 개인의 경영 철학과 같은 이야기만 많이 늘어놓았다.

하지만 의외의 장소에서 일본 기업들이 강한 이유를 발견하고 충격을 받았다. 그것은 차를 타고 공항으로 이동하던 중에 들린 주유소였다. 자동차가 주유소로 진입하자 거기서 일하고 있는 직원들이 모두 인사를 하면서 자동차로 달려왔다. 문을 열고 정중한 자세로 고객의 지시사항을 확인했으며, 연료를 주입하는 동안에도 유리창을 닦고 재떨이와 쓰레기를 치우면서 부지런히 움직였다.

일본에 비해 미국에는 셀프 주유소가 많았다. 주유소가 지저분하고 직원들이 매우 무뚝뚝하다. 일본의 고객서비스와는 하늘과 땅 차이였다. 특히 인상적이었던 것은 나올 때였다. 자동차가 주유소에서 쉽게 빠져나갈 수 있도록 하기 위해 직원들이 차도로 나와 안내할 뿐만 아니라 뒤에 차가 오는데도 불구하고 머리를 90도 각도로 숙여 인사를 했다. 그것도 앞으로 달리는 차의 뒤 트렁크를 보면서 인사를 하는 것이었다. 고객을 위해 동분서주하고 위험을 무릅쓰면서까지 서비스에 만전을 기하는 직원들의 자세를 보며 이것이야말로 일본 기업의 경쟁력의 원천이구나 생각했다.

일본 기업들은 인사하는 방법을 따로 교육시킬 정도로 고객만족을 중요시했다.

일본 기업들의 이러한 행동이 미국으로 건너가 고객만족(CS: customer satisfaction) 붐을 일으켰고 이것이 1990년대 미국 기업들이 부활하는 데 큰 보탬이 되었다.

하지만 이러한 고객만족은 저성장기에 일본 기업들의 어려움을 더욱 가중시키는 요인이 되었다. 생산현장에서의 과잉 인력 투입이나 과잉 품질과 마찬가지로 일본 기업들의 지나친 고객대응이 과잉 서비스와 과잉 만족을 초래했던 것이다.

문제는 이것이 시장 자체도 왜곡시킨다는 점이다. 기업이 고객만족을 추구하며 고객과 함께 진화하다 보면 지나친 기대만을 요구하는 고객만이 남는다. 소위 마니아(일본의 오타쿠)로만 구성된 시장만

이 남게 되는 것이다.

　이러한 문제들을 해결하기 위해 저성장기 일본 기업들은 목표 만족도를 설정한 뒤 이것을 달성하는 방향으로 전략을 수정했다. 또한 현재의 고객뿐만 아니라 잠재고객까지 고려하며 시장을 보다 넓게 보는 방향으로 전환했다.

　또한 판매현장 직원들에게는 마켓센싱(Market Sensing) 교육을 강화해 고객과 시장의 움직임에 보다 민첩하게 대응할 수 있게 했다. 2001년 마쓰시타 전기의 개혁에서 마케팅 본부가 새롭게 신설되어 시장 대응력을 강화시킨 게 그 대표적인 사례다.

　이처럼 한국 기업도 제조현장을 소수 정예화하고 작업의 매뉴얼화와 시각화 등을 통해 작업 효율도 높이고 현장 대응력도 강화시켜야 한다. 또한 판매조직의 고객대응력도 높이고 마켓센싱 기능도 강화함으로써 시장 대응력을 향상시켜야 한다.

　하지만 이러한 현장 대응력만으로는 한계가 있다. 경영자의 경영능력 또한 동시에 강화되어야 한다. 앞의 것이 조직의 원심력이라면 뒤의 것이 조직의 구심력에 해당한다.

04
민첩성 강화 방법 3
조직 구심력을 키워라

일본 기업의 구심력 개혁은 전통적인 주군경영을 타파하는 데 있었다. 존재만하고 군림하지 않는 경영자나 현장에 모든 것을 위임한 뒤 기업의 얼굴마담 노릇만 하는 경영자로는 저성장기의 오랜 어려움을 탈피할 수 없었기 때문이었다.

저성장기에는 기존의 주군형 경영자와는 판이하게 다른 새로운 경영자들이 일본 기업에 탄생하여 기업을 변혁시켜나갔다. 그 대표적인 예가 후지필름의 고모리 시게타카 사장이다.

결단형 경영자 고모리 시게타카

신속하고 과감한 결단력

후지필름은 코닥과 더불어 세계 아날로그 필름 시장을 양분하던 회사였다. 하지만 2000년대 들어 디지털 카메라와 카메라 내장 휴대전화 등이 등장하면서 아날로그 필름 수요는 급감하기 시작했다. 이 시기에 사장에 취임한 사람이 고모리 시게타였다.

그는 사장 취임과 함께 필름 관련 사업을 신속히 구조조정하면서 동시에 신규 사업을 새롭게 육성해야 하는 어려운 과제를 안게 되었다. 그는 우선 2004년에 대대적인 조직 구조조정에 착수했다. 국내에 많이 있던 판매 법인과 지점 등을 통폐합하고 생산공장도 재편했다. 이를 통해 7000억 원의 원가를 절감했다.

그리고 연구개발 부문을 모두 뒤져 활용 가능한 기술과 개척 가능한 신규 사업들을 찾아냈다. 그중 하나가 액정필름 사업이었다. 액정필름은 디지털 텔레비전과 컴퓨터 모니터에 붙이는 필름으로 새롭게 성장하기 시작한 사업이었다. 고모리 사장은 이 사업에 1조 2000억 원을 투자했다.

하지만 신규 사업이 본 궤도에 오르기까지는 시간이 걸렸다. 이 때문에 2006년에는 창업 이래 처음으로 인력 구조조정에 착수해 필름 관련 인력의 3분의 1을 구조조정했다.

또한 신규 사업의 성장을 앞당기기 위해 10년간 20조 원을 연구개발비로 투자했으며 인수합병도 적극적으로 실시하여 복사기 회사와 프린트 회사, 의료기기 회사, 의약품 회사 등을 매수했다.

 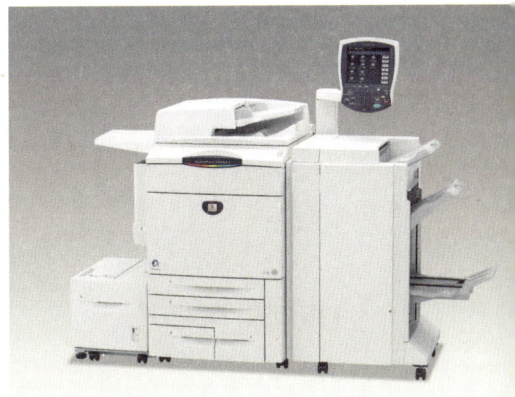

사진필름 대신 복사기 관련 사업에서 더 많은 이익을 얻고 있는 후지필름

고모리 사장의 과감한 결단과 실행이 열매를 맺어 2007년에는 창립 후 최고의 영업이익을 달성했다. 하지만 2008년에 리먼 쇼크가 발생하자 다시 5000명을 추가로 구조조정하는 조치를 단행했다.

지금 후지필름은 창사 이래 최고의 매출과 영업이익을 달성하고 있다. 아날로그 필름 위주의 사업도 완전히 개편되어 매출의 45%가 복사기 관련 사업에서 나오고 나머지 41%가 전자 재료나 의료기기 관련 사업에서, 13%가 카메라 관련 사업에서 나오며 과거의 주력 사업이었던 사진필름 관련 사업은 1%도 채 되지 않는다.

고모리 사장은 느린 결단이 일본 기업의 가장 큰 약점이라고 지적했다. 그는 빠르고 확실한 결단을 내렸다. 물론 불확실성이 대단히 높았지만 회사를 존속시키지 않으면 안 된다는 위기감 속에서 결단을 내렸다고 했다.

일부 사람들은 고모리 사장을 독재자로 폄하하기도 했다. 하지만 후지필름은 본업이 급격히 상실되는 위기 속에서도 여전히 건재하다. 이에 비하면 경쟁사 코닥은 결단의 시기를 놓쳐 결국 도산했고 기업 재생의 길을 걷고 있다.

현장과의 대화와 소통

고모리 회장이 결단형 경영자라면 세븐앤드아이홀딩스의 스즈키 도시후미 회장은 대화형 경영자다.

스즈키 회장은 조그마한 할인점인 이토요카도에서 신규 사업을 담당하는 전무였다. 그때 그는 미국의 편의점인 세븐일레븐을 도입하여 일본 내 1등 편의점으로 만들었을 뿐만 아니라 미국의 세븐일레븐 본사까지 매수하여 세계 최고의 편의점 기업으로 성장시켰다.

스즈키 회장은 시장 대응력을 높이기 위해 조직도를 거꾸로 만들었다. 그리고 이를 실천하기 위해 조직 구성원과의 대면 커뮤니케이션을 강화했다. 스즈키 회장은 매주 화요일에 수천 명에 이르는 전 사원을 본사에 모아놓고 회의를 했다. 홋카이도부터 오키나와까지 전 영업 담당자들이 모두 모이기 때문에 출장비만 연간 수백 억 원이 든다.

대화형 경영자 스즈키 도시후미

이 회의는 오전 9시부터 12시까지는 전원이 모여 회사의 주요 정보를 공유한 후 회장은 필요한 지시를 내린다. 이 회의에서 특히 중요시되는 것이 현장에서의 성공과 실패 사례다. 특정 지역에서 새로운 상품을 도입해 성공한 사례나 특정 점주를 잘못 관리함으로써 생겨난 문제까지 세세히 분석해서 보고하고 공유한다. 또한 스즈키 회장은 편의점의 기본 4원칙인 '상품 구색, 선도, 청결, 친절'을 강조하고 필요한 지시를 구체적으로 내린다.

이 회의만 있는 것이 아니다. 오후부터는 각 멤버들이 나누어져서 출점 회의나 점포운영 회의, 지구별 회의와 지점별 회의가 이루어진다.

세븐일레븐에는 세계 최고의 정보 시스템이 깔려 있다. 할인점이나 백화점과 같은 다른 소매기업과는 비교도 안 될 정도로 고도의 정보 시스템이 있다. 스즈키 회장은 이러한 정보 시스템을 적극적으로 이용할 뿐만 아니라 얼굴을 맞대고 소통하기를 좋아한다. 그래야 말하는 사람의 표정과 의도, 배경, 문맥 등이 함께 전달될 수 있고 필요에 따라서는 보다 구체적인 지시가 함께 이루어질 수 있기 때문이다.

스즈키 회장은 이러한 방식으로 세븐일레븐을 키웠고 지금은 모기업인 세븐앤드아이홀딩스를 맡아 일본의 최대 소매기업으로 성장시켰다.

이처럼 기업이 민첩성을 발휘하기 위해서는 경영자가 신속히 판단하고 결단을 내려야 한다. 또한 사원들과 소통하며 문제의 원인

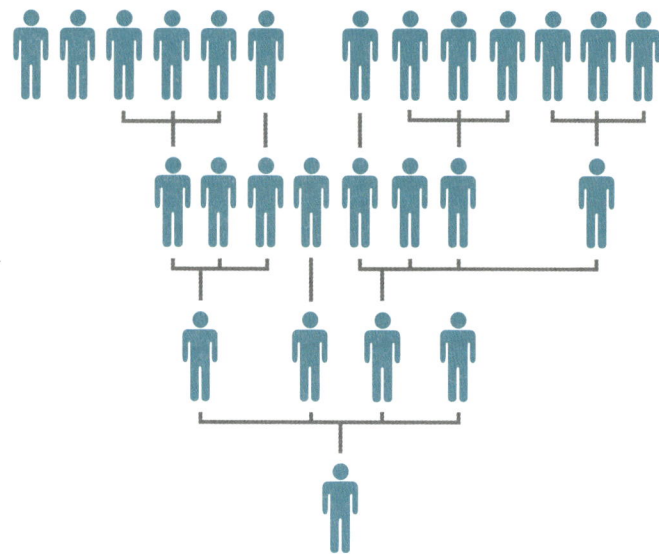

세븐일레븐의 거꾸로 된 조직도

과 대책 등을 심도 깊게 논의할 수 있어야 한다. 이 점이 향후 한국 기업의 경영자들에게 특히 요구되는 점이다.

그간 한국의 경영자들은 오너 경영자들이 물러나고 2세나 3세 경영자들이 주축이 되었다. 이들 경영자들은 과감한 결단력은 있을지 몰라도 현장을 직접 경험한 점이 부족하다. 이 때문에 자신의 결정이 현장에 어떻게 전달되고 현장에 구체적으로 어떠한 변화를 가져다주는지 등에 대한 감각이 부족하다.

더구나 현장의 직원들과 소통하는 능력 또한 부족하다. 물론 전문 경영인들은 소통의 측면에서는 문제가 없을 수도 있다. 하지만 이들은 과감히 결단하는 능력은 부족할 수도 있다. 이러한 문제들을 함께 극복하는 것이 저성장기 한국 기업의 큰 과제다.

마지막으로 한국 기업들이 민첩성을 높이려면 달성해야 할 2가지 중요한 과제가 있다. 하나가 도요타가 경험한 복잡성의 문제이고 또 다른 과제가 전원참가형 경영이다.

05 남겨진 과제들

복잡성의 문제

소니와 같은 유명 전자기업들이 몰락한 뒤, 일본 경제를 뒷받침한 것은 자동차 기업들이었다. 그중에도 도요타는 일본을 대표하는 기업으로 저성장기에도 승승장구했다. 하지만 도요타도 2009년에 가속페달의 구조적인 결함 때문에 미국 시장에서 770만 대 가량을 리콜하면서 큰 사회적 문제를 일으켰다. 급기야 사장이 미국 의회의 청문회에 불려가고 리콜 비용 때문에 대규모 영업 적자를 기록하기도 했다.

  도요타가 이렇게 된 데는 복잡성의 문제가 있었다. 자칫하면 기업은 복잡성을 스스로 증폭시키는 경향이 있다. 이렇게 되면 조직 내에 품질 불량과 같은 다양한 문제들이 발생하고 이에 대한 대응

능력도 떨어져 결국에는 기업이 큰 위기에 직면하게 된다. 이 때문에 기업은 복잡성을 항상 경계하고 복잡성을 줄이기 위하여 끊임없이 노력해야 한다.

사실 도요타는 복잡성을 획기적으로 줄임으로써 성공한 기업이었다. 도요타는 창업 초기부터 미국의 자동차 기업들을 이기기 위하여 '다품종 소량생산'이라는 복잡한 시스템을 전략적으로 선택했다. 소위 다양한 차종(model)을 조금씩 생산하는 시스템을 선택했던 것이다.

당시 일본시장을 석권하고 있었던 기업들은 포드와 제너럴모터스였다. 이 기업들은 '소품종 대량생산'을 무기로 미국시장은 물론이고 일본시장도 석권하고 있었다. 소품종 대량생산이란 한정된 차종을 컨베이어벨트 시스템 등을 이용하여 대량으로 생산하는 생산방식이다. 포드자동차는 검은색 T형 모델을 1000만 대까지 생산하기도 했다.

도요타는 이 기업들을 일본시장에서 몰아내기 위해 전략적으로 그와 반대되는 '다품종 소량생산' 방식을 선택했다.[34] 문제는 이 시스템이 미국식 소품종 대량생산 방식에 비하면 훨씬 복잡하고 비효율적이라는 것이다. 왜냐하면 차종 수가 많아지면 '차종 수 × 부품 수 × 생산 대수'가 되어 복잡성이 대폭 증폭되기 때문이다. 예를 들어 당시 자동차 한 대당 소요 부품 수가 1만 개 정도 되었는데 10개의 차종을 1000대씩만 생산하더라도 1억 개의 부품을 다루어야 했다. 그것도 하나의 차종이 아니라 10개의 차종을 생산하다 보니 재고와 운반, 작업대기 등 비효율적인 부분이 너무 많았다.

하지만 도요타는 이러한 문제점을 혼류 생산방식과 JIT와 같은 독특한 생산 시스템(TPS: Toyota Production System)을 창안해 해결했다. 그리고 이를 통해 세계적인 자동차 기업으로 성장할 수 있었다.

문제는 도요타가 성장에 도취되어 잘 통제했던 복잡성을 스스로 증폭시키는 우를 범한 데 있었다. 즉 2000년대 들어 도요타는 전 세계 주요 시장에서 시장점유율 15%를 달성하겠다는 야심 찬 목표를 설정했다. 그리고 이를 달성하기 위해 시장별로 새로운 차종을 적극적으로 개발해 투입했다. 또한 현지 자동차는 현지에서 생산한다는 전략 아래 세계 곳곳에 생산 공장을 건설하기 시작했다.

하지만 이런 시도는 복잡성을 더욱 증폭시켰다. 도요타가 TPS를 개발하게 된 원래의 의도가 '차종 수×부품 수×생산 대수'로 대표되는 복잡성을 줄이기 위한 것이었음에도 불구하고 여기에 해외 특화 차종 수와 해외 생산 거점 수, 해외 생산 대수를 곱함으로써 복잡성을 더욱 증폭시켰던 것이다. 그 결과 도요타는 리콜 사태를 맞아 회사가 휘청거리고 세계 3위의 자동차 기업으로 전락하는 위기마저 겪었다.

이 때문에 도요타의 도요타 아키오 사장은 '원점으로의 회귀'와 '원점에서의 재출발'을 구호로 3년에 걸쳐 도요타의 복잡성을 대폭 줄임으로써 위기에서 탈출할 수 있었다.

이처럼 혁신을 통해 복잡성을 잘 관리하던 기업도 자칫하면 복잡성을 스스로 키우는 우를 범한다.

도요타의 복잡성을 줄인 도요타 아키오 사장

한국 기업도 마찬가지다. 빨리빨리 정신으로 환경 변화에 신속히 대응해왔지만 규모가 커지고 진출 분야도 많아짐에 따라 기업 스스로 복잡성을 증폭시키는 우를 범하기 쉽다. 그렇게 되면 환경에 대응하는 능력이 떨어지고 위기에 빠지기 쉽다. 특히 저성장기에 기업 간 경쟁이 치열하고 대응해야 되는 환경적 요소가 많아질수록 복잡성을 더욱 경계해야 한다.

동물과 식물도 생존환경이 어려울수록 단순함을 통하여 생존하고자 한다. 기업도 마찬가지다. 저성장기가 될수록 복잡성을 줄이고 스스로 단순함을 추구함으로써 생존을 모색해야 한다.[35]

전원참가형 경영

복잡성과 함께 기업의 민첩성을 해치는 또 하나의 중요한 요인이 조직이다.

일본은 전통적으로 사업부제 조직으로 운영돼왔다. 사업부제란 기업의 각 사업 단위별로 조직화하여 그 조직 내에 구매와 생산, 판매와 같은 여러 기능을 모두 포함시킨 조직 형태를 말한다. 예를 들어 텔레비전 사업부는 텔레비전의 생산과 판매를 모두 담당하고 냉장고 사업부는 냉장고의 생산과 판매를 모두 담당하게 하는 조직 형태를 말한다. 각각의 사업부는 각 제품에 관하여 독자적인 권한을 가지며 매출과 이익을 동시에 책임진다.

사업부제 조직은 기존의 기능별 조직에 비해서 여러 가지 장점이 있다. 권한이 사업부장에게 위임(분권화)되고, 시장지향적 경영이 가능하고, 경영의 기동성이 확보되며, 이익 관리가 가능하고, 경영자 육성이 용이하며, 조직 분위기가 살아나는 장점이 있다.

사업부제 조직은 일본에서 경영의 신이라고 추앙받은 마쓰시타 전기의 창업자 마쓰시타 고노스케가 1933년부터 실시한 조직 형태다. 이 조직이 다른 일본 기업들에게도 전파되어 일본의 고도 경제성장기를 조직적으로 뒷받침했다.

하지만 저성장기가 되면서 사업부제의 문제점이 많이 나타나기 시작했다. 사업부제의 사업부장은 현재의 제품에 집착해 장기적인 투자와 연구개발, 사업의 축소와 인수합병과 같은 거시적 관점이 결여되기 쉽다. 또한 사업부가 자기중심적으로 운영되어 다른 사업부와의 조정이 힘들고 전사적인 종합력을 발휘하기가 힘들다.

또한 각 사업부가 자기완결적인 조직으로 이뤄지다 보니 설비와 시장, 인력 등이 중복되어 원가와 비용이 상승하는 문제도 있었다.

이러한 문제점들을 해결하기 위해 일부 기업들은 몇몇 사업부를 통폐합하여 사내 회사로 개편하거나 아니면 아예 독립 법인으로 분사화하여 자회사로 만든 뒤 이를 총괄하는 지주회사를 설립하기도 했다.[36]

하지만 아무리 조직이 변경되어도 조직 구성원 개개인이 바뀌지 않으면 안 된다. 이를 조직적으로 구현한 것이 이나모리 가즈오 교세라 명예회장이 고안한 '아메바 경영'이다. 아메바 경영이란 회사의 조직을 아메바라고 부르는 6~7명 단위의 소집단으로 나눈 뒤 각 아메바가 회사 전체의 목표를 공유하면서 자주적으로 이를 달성해가는 경영 형태를 말한다.

회사 전체의 방향을 인지하면서 리더를 중심으로 각 아메바가 계획을 세우고 그 계획을 달성하기 위해 아메바의 전 멤버들이 합심

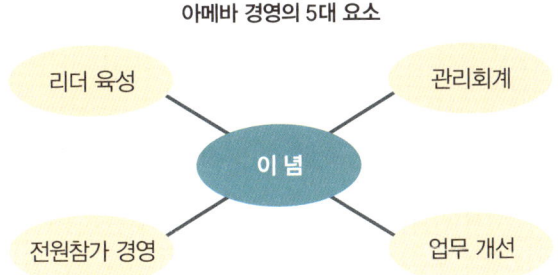

아메바 경영의 5대 요소

교세라는 이나모리 가즈오 회장이 아메바 경영으로 성공시켰다.

하여 노력한다.

이때 중요한 수단이 아메바 단위의 관리회계 시스템이다. 이 회계 시스템은 각 아메바의 연간 및 월간, 일간 목표 등이 표시돼 있으며 각 아메바의 매출과 경비, 노동시간 등이 기재돼 있어서 이를 실시간으로 파악할 수 있다. 특히 이 관리회계 시스템에서는 각 개인의 노동시간 당 창출한 부가가치(산출성과−투입노력)가 표시된다. 이 지표를 이용해서 각 아메바는 산출 극대화와 투입 최소화 및 시간 단축을 위해 노력하게 된다.

아메바 경영은 이나모리 명예회장이 개발한 제도다. 그는 1959년 벤처기업인 교세라를 창업할 때부터 이 제도를 활용하기 시작한 뒤 1984년에는 일본 제2위의 통신회사 KDDI에 이 제도를 활용하여 크게 성공했다. 그 사이 이나모리 명예회장은 그를 추앙하는 관련 기업 400여 개 회사에 아메바 경영을 전파하여 큰 성과를 내기도 했다.

하지만 아메바 경영이 더욱 주목을 받게 된 것은 일본항공 재건 때다. 이나모리 가즈오는 정부의 요청으로 2000년에 도산 위기에 빠진 일본항공에 회장으로 부임하게 되었다. 그가 일본을 위한 마지막 봉사라고 이야기하며 취임한 자리였다.

이나모리 가즈오는 곧 일본항공 전 조직을 아메바로 나눈 뒤 각 아메바의 목표와 책임을 분명히 했다. 그리고 각 아메바의 시간당 부가가치를 실시간으로 파악하게 함으로써 자신의 일이 회사의 성과와 어떻게 연결되어 있는지를 항상 깨닫게 했다. 그리고 이 방법을 활용해서 2년 만에 거대 적자 기업인 일본항공을 회생시켰다.

아메바 경영의 확립과 성과로 이나모리 가즈오는 '현대 경영의 신'이라고까지 불리게 되었다. 고도 경제성장기에 사업부제를 활용해서 경영의 신에 등극한 사람이 마쓰시타 고노스케라면 저성장기에 아메바 경영으로 경영의 신에 등극한 사람이 이나모리 가즈오다.

이처럼 저성장기에는 조직 구성원 한 사람 한 사람이 주인의식을 가지고 조직의 목표를 달성하기 위하여 매진해야 한다. 또한 회사는 관리 시스템을 통해 각 개인의 업무가 조직 목표와 어떻게 연관돼 있는지 주지시켜야 한다. 또한 그들의 업무 하나하나가 조직 목표 달성에 어떻게 기여하는지도 실시간으로 가르쳐줘야 한다. 이것이 전원참가형 경영이고 이 경영 방식이 오랜 저성장기에 살아남을 수 있는 방법 중 하나다.

나가는 말

9가지 전략으로 만반의 준비를 하라

저성장의 공포가 한국을 뒤덮고 있다. 몇 년 전까지만 하더라도 전문가들 사이에서 이야기되더니만 이제는 일반인들까지도 피부로 느끼기 시작했다. 식당이나 구멍가게조차도 장사가 안 된다고 아우성이고 지나가는 시내 건물 곳곳에는 임차인을 구하는 안내판이 붙어 있다.

취업을 앞둔 졸업생이나 일자리를 찾는 청년들은 위기를 더욱 절박하게 느끼고 있다. 수많은 회사에 원서를 내봐야 서류 전형에서 대부분 떨어지고 운 좋게 면접에 가도 우수한 면접 대기자들 틈에서 주눅이 들어 돌아오곤 한다.

'이러한 현상은 일시적인 불황 탓인가, 아니면 구조적인 저성장 때문인가?' 이 책에서는 이 질문에 답하고자 했다.

우리보다 먼저 저성장을 경험한 일본 경제를 구체적으로 살펴본 결과, 한국 경제도 비슷한 길을 걸어가고 있음을 알 수 있었다. 물론 내 추론이 틀릴 수 있다.

또한 한국에는 '통일 대박'과 같은 돌발 변수도 있고 해외시장에서 갑작스러운 특수가 있을 수도 있다. 하지만 이러한 일들이 없는 한 한국 경제는 저성장에 빠져들게 된다.

그렇다면 두 번째 질문은 '저성장이 되면 한국 경제는 어떻게 되는가?'다. 이 책에서는 일본의 사례를 토대로 정부와 기업, 가계의 3가지 경제 주체들이 겪을 상황을 시나리오로 제시했다.

정부는 저성장으로 세금 수입은 주는데 복지 수요 등으로 세금 지출이 계속 늘어나 결과적으로 재정 건전성이 악화된다. 그러면 정부는 기업이나 근로소득자로부터 세금을 더 징수하게 된다. 이것이 기업과 가계를 옥죈다.

기업은 저성장으로 매출은 주는데 세금이나 정부의 규제 등으로 원가는 상승하기 때문에 이익이 줄어든다. 그러면 투자를 줄이고 임금을 삭감하며 경우에 따라서는 구조조정도 해야 한다.

이것이 가계에 영향을 미쳐 임금소득과 자산소득이 줄어들고 가계는 소비지출을 줄이게 된다. 이것이 소비불황을 가져와 다시 기업의 투자불황과 정부의 재정지출 삭감으로 이어짐으로써 경제전체는 구조적인 악순환에 빠져들게 된다. 그리고 이미 일부 악순환의 징조가 보이고 있다.

물론 이때도 정치가와 관료들이 정신을 차리고 위와 같은 악순환을 사전에 방지하면 된다. 나 역시 그러길 간절히 바란다.

하지만 일본의 상황을 살펴본 바와 같이 정치가와 관료의 리더십이 생각보다도 강하지 않다. 오히려 포퓰리즘과 보신주의, 집단적 이기주의로 자신의 앞가림만 할 뿐 국민을 위하여 몸을 던지는 지도자들은 별로 없다.

한국도 마찬가지다. 최근의 정치가들과 관료들을 봐도 실망스럽기 짝이 없다. 박근혜 정권만 하더라도 정권 첫 출범 때는 경제민주화를 내세우다가 곧 규제개혁을 한다고 특별 생방송까지 내보냈다. 하지만 이내 세수가 부족하다며 기업들을 대거 세무조사했고 2014년 말 연말정산 때에는 근로소득자들에게 세금폭탄을 던지기도 했다.

이 바람에 경기가 더욱 어려워지자 경제 살리기를 해야 한다고 하더니 갑자기 부정부패를 척결해야 한다고 포스코건설과 경남기업 등에 검찰을 보내 기업들을 납작 엎드리게 했다.

그 아래 관료도 마찬가지였다. 최경환 경제부총리는 취임하자마자 아베노믹스를 본떠서 초이노믹스(Choinomics)를 부르짖었지만 부동산 규제 완화로 건설업자들 좋은 일만 했다. 그러다 갑자기 구조개혁이 더 중요하다고 4대 구조개혁을 주장하더니 이것이 일부 벽에 부닥치자 돈을 풀어 단기적으로 경기를 부양하는 정책으로 선회했다. 후배 경제 관료들이 가장 존경한다는 선배 관료의 실력이 이 정도이니 그 이상은 기대할 필요도 없다.

마지막 질문은 '기업은 무엇을, 어떻게 해야 하는가?'다. 이 질문에 대해서는 2부와 3부로 이어지는 8개 장에서 자세히 대응책을 제시했다.

대응책 중에서 가장 중요한 것이 발상의 전환이다. 우선 과거처럼 '정부가 어떻게 해주겠지?'라는 기대를 완전히 버려야 한다. 저성장기로 빠져들면 정부도 도와줄 수 있는 방법이 별로 없다. 오히려 기업을 옥죄고 기업에 손을 벌리게 된다. 이러니 정부에 기대하기보다는 '자신의 생존은 자신이 챙긴다'라는 발상으로 저성장기에 대비해야 한다.

발상의 전환에서 두 번째로 중요한 것은 기업을 둘러싼 환경이 180도 달라질 것이라는 점을 제대로 인식하는 것이다. 고객도 달라지고 유통도 달라지며 경쟁도 완전히 달라진다.

하지만 기업체에서 강의도 해보고 자문도 해본 내 경험에 따르면 발상의 전환이 가장 힘들다. 대부분의 경영자들은 고성장기의 추억이 뼛속까지 박혀 있어서 저성장에 접어든 현실을 좀처럼 받아들이지 못한다. 머리로는 이해해도 가슴으로는 받아들이지 않는 것이다.

이 때문에 종교의 개종에 버금갈 정도로 큰 발상의 전환이 필요하다. 패러다임이라는 개념을 창안한 토머스 쿤은 과학의 발전은 점진적으로 이뤄지는 것이 아니라 패러다임의 전환에 의해 혁명적으로 이뤄지는데 이 전환이 굉장히 어렵다는 사실을 발견했다. 그리고 이것을 실현하기 위해서는 종교의 개종과 같은 발상의 전환이 필요하다고 주장했는데, 저성장기 대응 전략도 마찬가지다. 경영자

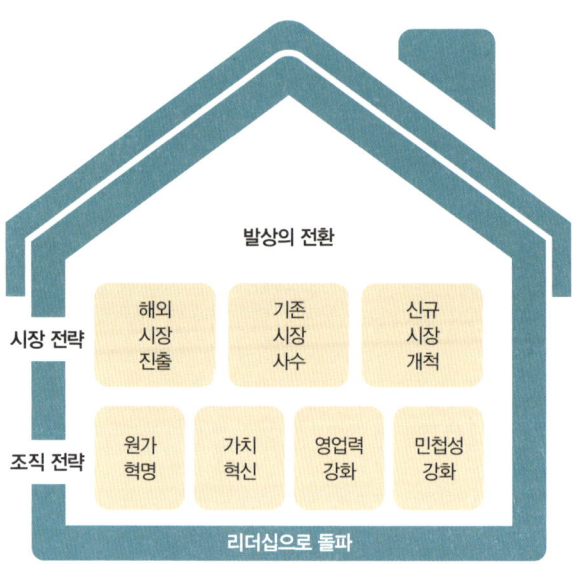

들의 발상의 전환이 전부라 해도 과언이 아니다.

그다음 대응 전략이 해외시장 개척이다. 저성장의 늪에 빠진 국내시장보다는 성장 가능성이 높은 해외시장을 적극적으로 개척해야 한다. 문제는 이 또한 성공할 확률이 매우 낮고 성공하기까지 오랜 시간이 걸린다는 것이다. 이것을 받쳐주는 것이 국내 기존 시장의 사수다. 기존 시장이 굳건히 받쳐줘야 해외시장을 제대로 개척할 수 있기 때문이다.

일본 기업들은 이것을 간과했다. 해외시장으로 뛰쳐나가기만 하면 성공할 것이라고 생각했는데 큰 오산이었다. 오히려 모국의 기존 시장을 사수하는 것이 훨씬 더 수월하고 또한 이것이 제대로 돼야 해외시장을 개척할 여력이 생기는 것이다.

또 하나의 시장이 국내 신규 시장이다. 아무리 저성장기더라도 신규 시장이 전무한 것은 아니다. 8장에서 자세히 설명한 것처럼 일본 기업들이 사용한 다양한 방법을 동원하여 신규 시장을 개척해야 한다.

이상의 3가지 대응책이 시장 대응 전략이라면 원가혁명과 가치혁신, 영업력 강화, 민첩성 강화는 조직 대응 전략이다. 원가혁명은 원가구조를 근본적으로 뜯어고치는 것이다. 그것도 지금까지 상식적으로 생각해오던 수준이 아니라 상상을 초월하는 수준으로까지 고쳐야 한다.

일본 기업들이 경험한 것처럼 판매가격이 지금의 5분의 1수준으로 떨어지고 영업이익이 지금의 10분의 1로 떨어진다는 가정하에 원가구조를 바꿔야 한다. 상상이 가는가? 도저히 상상이 안 되는 숫자지만 일본 기업은 실제로 이를 경험했다. 20년간 계속해서 판매가격이 떨어지고 영업이익이 하락했다. 일본의 경우는 극단적인 예일지 모르지만 실제로 있었던 사실이니 한국 기업들도 대비해야 한다.

고객가치를 높이기 위해 조직의 기동성과 영업력도 강화해야 한다. 이러한 조직 대응 전략은 시장 대응 전략보다 더 어렵고 더 시간이 소요된다. 이 때문에 장기적인 계획을 세우고 조직 대응 전략을 하나둘 실현해나가야 한다.

생존 전략에서 마지막으로 중요한 것이 강력한 리더십이다. 발상의 전환부터 조직의 민첩성 강화까지 강력한 리더십이 절대적으로 필요하다.

다행히 굉장히 희망적인 것이 한국 기업은 원래부터 리더십이 강했다는 점이다. 일부에서는 이것을 황제경영이라고 폄하하면서 부정적인 시각으로 보는 사람도 있다. 하지만 일본의 주군경영에 비하면 월등히 뛰어난 리더십이다.

또한 강력한 리더십이 한국인의 정서에도 부합한다. 한국인은 정서적으로 강력한 리더십을 원하고 또 기회만 주어지면 스스로 리더십을 발휘하고 싶어 한다.

일본 기업의 한국 주재원이 아주 흥미로운 이야기를 해준 적이 있다. 그는 한국에 있는 동안 동네 놀이터에서 굉장히 재미난 광경을 목격했다. 서로 모르는 아이끼리 같이 미끄럼틀을 타다가 처음에는 상대방 아이의 이름을 물어본 뒤 금방 나이를 확인하더라는 것이다. 그러곤 나이가 많은 아이가 누나가 되고 나이가 적은 아이가 동생이 되어 같이 사이좋게 놀더란다. 일본에서는 이름을 확인한 뒤에는 그냥 사이좋게 노는데 한국에서는 꼭 나이를 확인한 뒤 상하관계를 정하더라는 것이다. 그러고는 누나는 누나로서 동생을 보호하고 동생은 누나를 따르며 잘 논다. 이것이 한국인의 리더십이고 팔로우십인 것이다.

물론 일부 기업은 지나친 황제경영으로 사회적인 지탄을 받기도 했다. 하지만 원래 한국 기업의 리더십은 그러한 리더십이 아니다. 솔선수범하며 위기를 헤쳐나가고 조직을 위해서 자신을 희생하는 것이 한국형 리더십의 본래 모습이다.[37] 저성장기에는 이러한 리더십이 절실하게 필요하다.

  이제 남겨진 시간이 별로 많지 않다. 리더를 중심으로 똘똘 뭉쳐 이 난국을 잘 극복해나가야 한다.

주석

1. 세계 각국의 고령화 추세

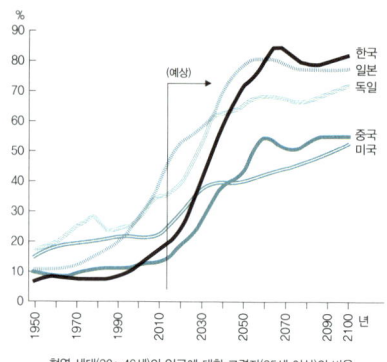

현역 세대(20~46세)의 인구에 대한 고령자(65세 이상)의 비율

2. 한국의 경제성장

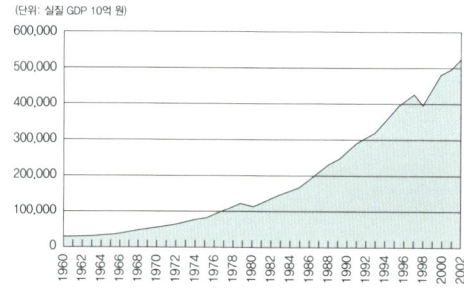

3. 한국의 경제성장률

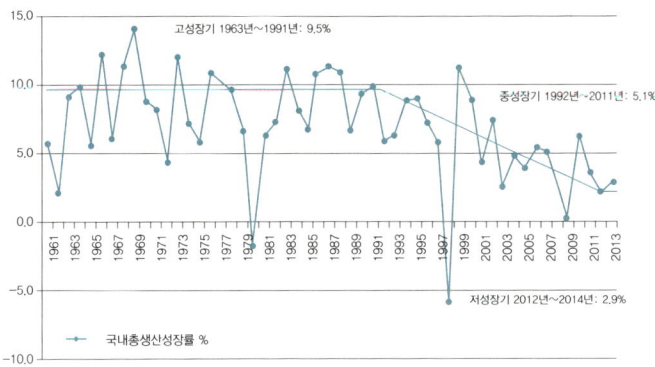

4. 한국의 수출 구조

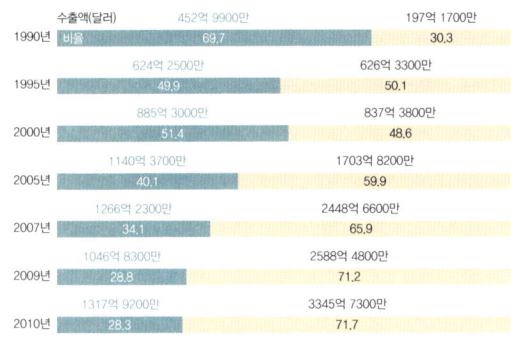

5. 가계의 소비 지출과 소비 성향

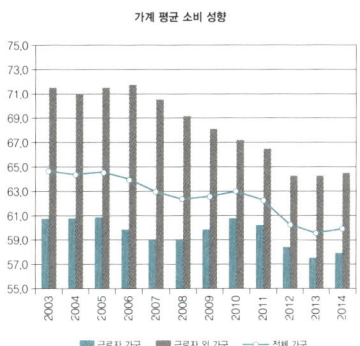

6. 가처분소득 대비 가계부채 비율 추이

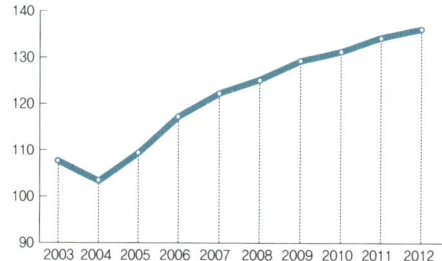

7. 한국의 고령화 속도

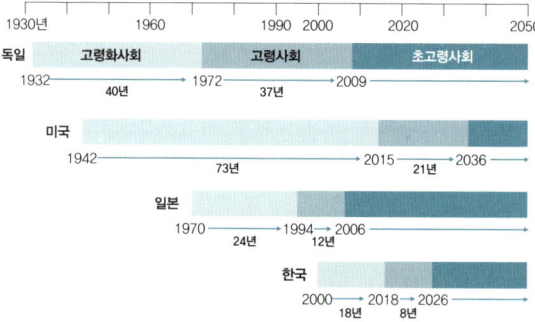

8. 한국 제조기업의 영업이익률 추이

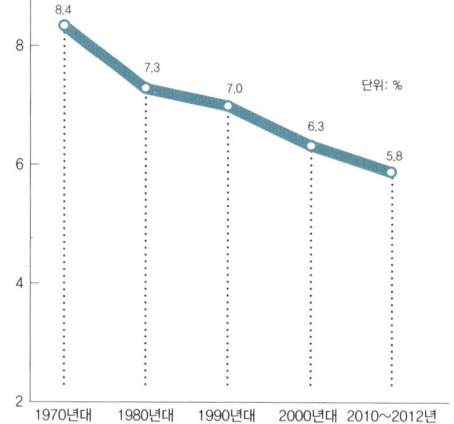

9. 한국 제조기업의 구조

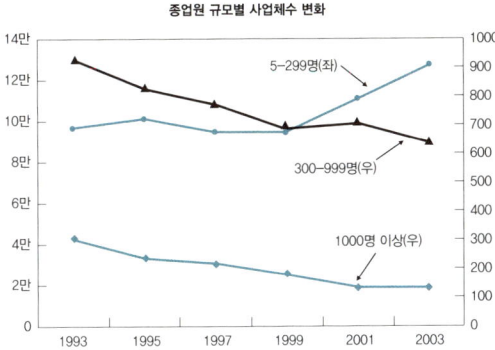

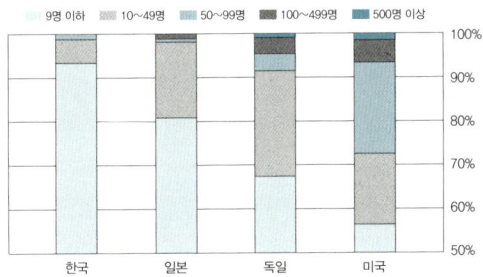

10. 한국의 생산가능인구의 추이

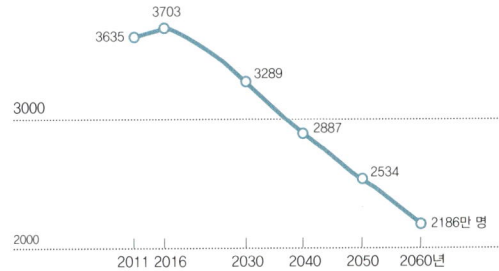

11. 한일 간 경제성장률 비교

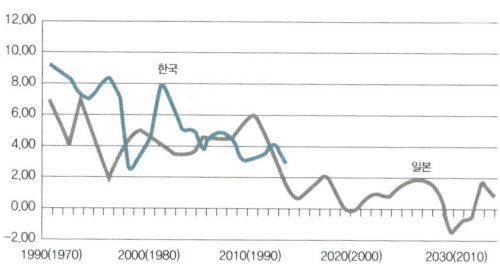

12. 더 우려되는 문제는 저성장에 빠졌을 때 한국 사회가 큰 혼란에 직면할 수 있다는 점이다. 지금도 사회적 갈등이 대단히 심각하고 상호 신뢰 또한 대단히 낮은 수준인데 여기다 저성장의 쓰나미가 들이닥쳤을 때 사회적 갈등은 더욱 증폭될 수 있다.

13. 일본 경제의 추이

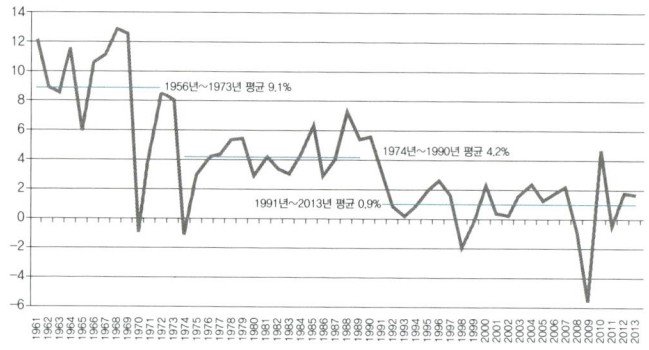

14. 일본의 주가와 부동산 가격 추이

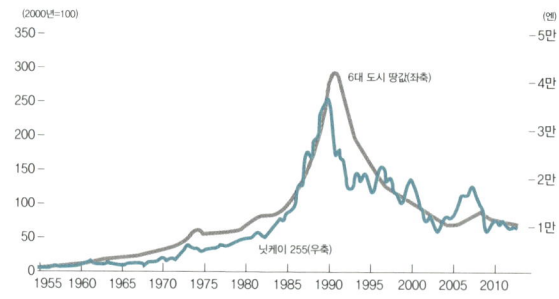

15. 일본의 세입과 세출 추이

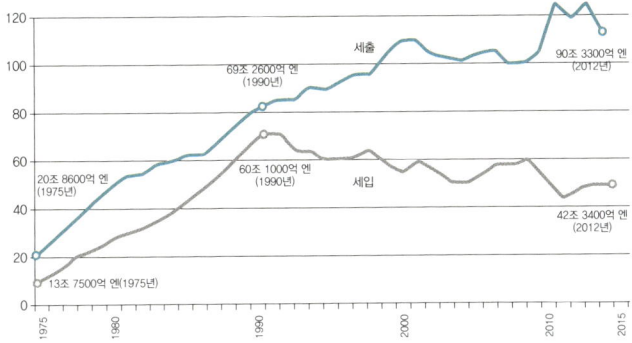

16. 이 호경기 전의 가장 긴 호경기는 1965년 11월부터 1970년 7월까지의 이자나기 경기였다.

17. 사업모델이란 사업을 하는 기본적인 방식을 말한다. 이 속에는 고객에게 재화나 서비스를 제공하는 방식과 고객으로부터 대가를 받고 수익을 창출하는 방식이 포함되어 있다.

18. 대표적인 일본 기업들의 해외 매출액

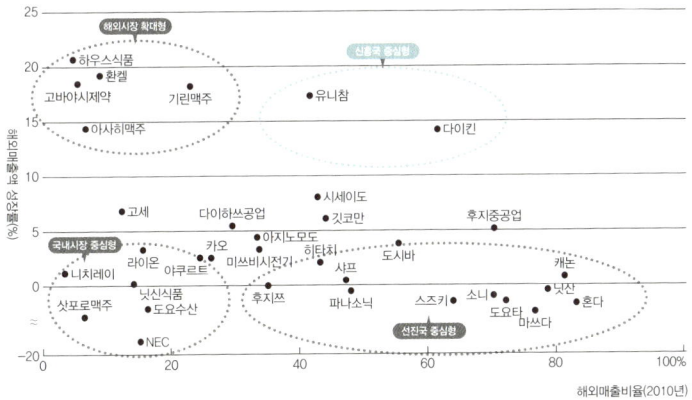

19. 일본 경제를 보통 '잃어버린 20년'이라고 하지만 일본 대기업들에게 진실로 잃어버린 기간은 리먼 쇼크가 발생한 2008년부터 아베노믹스가 실시되기 직전인 2012년까지의 5년간이었다.

20. 이 때문에 할인점의 학술적 명칭도 'General Merchandising Store'였다.

21. 유통기업들도 소비자 선택이나 유통기업 간 경쟁으로 말미암아 피폐해지는 것은 마찬가지다. 이 때문에 살아남은 유통기업들 중 일부는 살아남은 일부 제조기업과 협력을 맺기도 한다. 이를 전략적 동맹(strategic alliance)이라 한다.

22. '데뽀'란 일본어로 총을 말하며 앞의 글자인 '무'란 '없다'라는 뜻이다. 즉 '총 없이 전쟁터로 나간다'라는 뜻의 일본어가 한글화된 것이다.

23. 저성장기에는 위기는 빨리 오고 기회는 천천히 오는 경향이 강해진다.

24. 이 때문에 힘 없는 협력회사들은 CR(Cost Reduction, 원가 인하)이라는 소리만 들려도 자다가 벌떡 일어날 정도로 치를 떤다.

25. 일본 전기기계산업의 가격하락

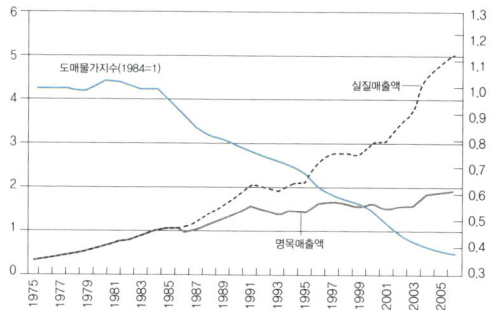

26. 일본 주요 기업들의 평균 영업이익률 추이

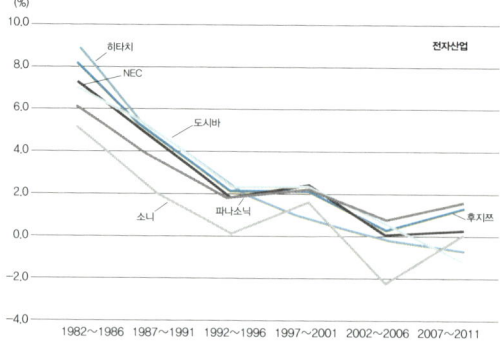

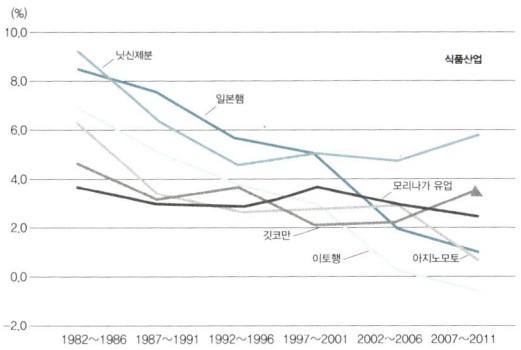

일본의 대표적인 산업인 전자산업과 식품산업의 주요 기업 영업이익률 변화가 나타나 있다. 위쪽 그래프는 소니와 파나소닉, 도시바, 히타치, NEC, 후지쯔의 영업이익률 변화이고 아래쪽 그래프는 아지노모토, 모리나가, 닛신, 깃코만, 일본햄, 이토햄의 영업이익률 변화다.

27. 일본 비정규직의 증가

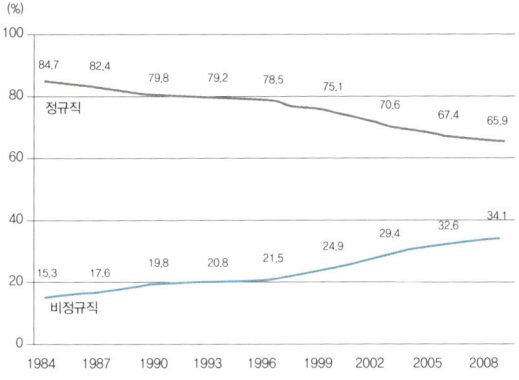

일본식 경영의 진수로 통하던 종신고용 제도와 연공서열 제도, 기업 내 노동조합이 사라지면서 정규직은 줄고 비정규직은 증가했다.

28. 2009년에 유니클로가 1만 원도 안 되는 청바지를 판매하자 일본의 유명한 경제학자인 하마 노리코 씨는 '유니클로는 번성하지만 국가는 망한다'라는 글을 문예춘추지에 실어 큰 반향을 불러일으키기도 했다.

29. 이것이 고객만족을 설명하는 기대-결과 이론이다. 물론 고객만족을 설명하는 다양한

이론들이 있다. 투입-산출 모델은 지불한 가격에 대한 산출로 만족을 설명하는 이론이다. 1000원을 지불하고 캔커피를 사서 마셔본 결과 1500원어치의 효용을 느꼈다면 500원어치의 만족을 얻을 것이라고 보는 이론이다.

30. 닌텐도의 가치 추가와 가치 제거

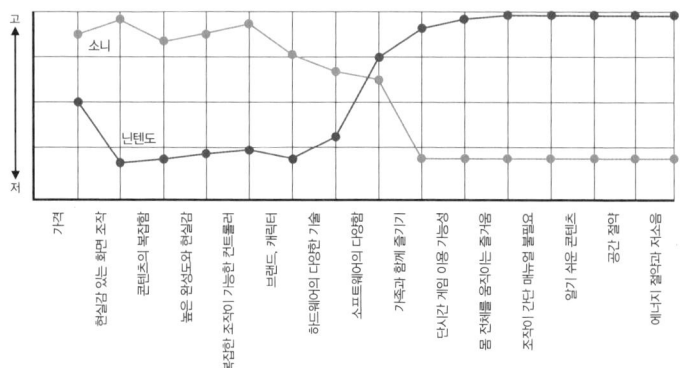

31. 이 방법들은 김위찬 교수의 블루오션 창조방법 ERRC(제거 · 축소 · 강화 · 창조, Eliminate · Reduce · Raise · Create)와 유사하다.

32. "한국 기업들이라면 처음부터 그런 대답을 했을 것"이라고 이야기해주면 일본 기업인들은 정말이냐고 되묻곤 하였다. 한국의 기업하는 환경이 결코 녹록하지 않다는 반증이기도 하다.

33. 세월호의 구조팀과 지휘팀도 마찬가지였다. 투입 인원만 많았지 승객들의 구조에는 크게 도움이 되지 못했다.

34. 한국의 현대기아자동차는 역으로 일본 자동차기업들을 이기기 위해 소품종 대량생산 방식을 선택했다. 즉 일본과는 반대이고 미국과는 유사한 방식을 전략적으로 선택한 것이다.

35. 저성장기에 살아남기 위해서 기업이 단순함을 유지해야 하는 분야는 크게 5가지다. 어디(Where)에 해당하는 시장과 유통, 무엇(What)에 해당하는 사업과 제품, 누구(Who)에 해당하는 고객과 직원, 어떻게(How)에 해당하는 조직과 프로세스이며 마지막으로 중요한 것이 리더의 관심과 행동이다.

36. 사내 회사 제도는 1994년부터 소니가 채택하기 시작해 도시바와 NEC, 히타치, 다이에 등으로 보급되었고 지주회사 제도는 1997년에 법이 개정됨으로써 많은 기업들이 사용하기 시작했다.

37. 한국인들이 이순신 장군의 리더십에 열광하는 이유도 바로 이 때문이다.

참고자료

「21세기 한국자본주의 대논쟁」, 서울대학교 경제연구소 주최, 2014.
「강한 기업의 저성장기 극복전략」, SERI CEO Information, 2012.
「산업경쟁력 확보를 통한 경제활력 제고방안−중국의 추격과 한국 제조업의 과제」, 한국경제학회 · 산업연구원 · 한국경제연구원 정책세미나, 2014. 10. 27.
이수진, 「잃어버린 20년간의 일본인의 경제생활 · 가계구조 · 소비행동 · 생활의식」, 일본비평, 제4호, 2011.
「일본의 잃어버린 20년과 한국에의 시사점」, 한국경제연구원 정책연구 2012−08. 2012.
「저성장기의 경영전략」, SERI CEO Information, 2013.
「저성장기 경영전략」, 한국전략경영학회 주최, 2013.
「저성장기 고성장 유통기업」, 대한상공회의소 주최, 2013.
「저성장시대의 긴급대응 세미나」, LIB컨설팅 주최, 2014.
「한국경제 선진화로 가는 길−GDP 3만 달러 전략, 일본의 경험」, 한일산업 · 기술협력재단 주최, 2013.
「한국경제의 진단과 경제구조 개선방안−일본 20년 경기침체의 교훈과 한국의 정책과제」, 국민경제자문회의 · 한국경제학회 · 대한상공회의소 공동 주최, 2014. 12. 9
「한국과 일본의 강점과 약점」, 서울대학교 일본연구소 주최, 2014.
「한일의 저성장 비교−일본화 경계」, 하나금융경영연구소, 2013.

강효석 · 권석균 · 이원흠 · 조장연, 『기업 구조조정론』, 홍문사, 1998.
김현철, 『일본기업 일본마케팅』, 법문사, 2004.
김현철 · 최상철, 『일본유통』, 법문사, 2006.
김현철, 『CEO 영업에 길을 묻다』, 한국경제신문사, 2009.
김현철 외 8인, 『도요타 DNA』, 중앙북스, 2009.
게리 하멜, 이동현 옮김, 『꿀벌과 게릴라』, 세종서적, 2007.
게리 하멜 · 빌 브린, 권영설 등 옮김, 『경영의 미래』, 세종서적, 2009.
도널드 N. 설, 안진환 옮김, 『기업혁신의 법칙』, 웅진지식하우스, 2003.
래리 보시디 · 램 차란, 김광수 옮김, 『실행에 집중하라』, 21세기북스, 2004.
다무라 겐지, 김현석 · 여선미 옮김, 『일본전산의 이기는 경영』, 책이있는풍경, 2014.
마이클 해머 · 제임스 챔피, 공민희 옮김, 박찬구 감수, 『리엔지니어링 기업혁명』, 스마트비즈니스, 2008.
문휘창, 『K-전략』, 미래의 창, 2012.
박훈, 『메이지 유신은 어떻게 가능했는가』, 민음사, 2014.
삼성경제연구소, 『SERI 보고서로 읽는 불황기 경영전략』, 삼성경제연구소, 2009.
삼정KPMG 경제연구원, 『저성장시대 승자와 패자』, 원앤원북스, 2013.
송호근, 『그들은 소리 내 울지 않는다』, 이와우, 2013.
윤석철, 『프린시피아 매네지멘타』, 경문사, 1998.
이나모리 가즈오, 양준호 옮김, 『불타는 투혼』, 한국경제신문사, 2014.
제럴드 제리슨, 포엠아이컨설팅 옮김, 『유쾌한 변화경영』, 가산출판사, 2008.
조지 데이, 삼성전자 글로벌마케팅연구소 옮김, 『시장지향적 기업만이 살아남는다』, 위즈덤하우스, 2000.
존 코터·댄 코헨, 김기웅·김성수 옮김, 『기업이 원하는 변화의 기술』, 김영사, 2007.
크레이그 L 피어스·조셉 A. 마시아리엘로·히데키 야마와키, 이미숙·권오열 옮김, 『피터 드러커의 위대한 통찰』, 한스미디어, 2009.
클레이튼 M. 크리스텐슨, 이진원 옮김, 『혁신기업의 딜레마』, 세종서적, 2009.
클레이튼 M. 크리스텐슨·마이클 E. 레이너, 딜로이트 컨설팅 코리아 옮김, 『성장과 혁신』, 세종서적, 2005.
토마스 S. 쿤, 김명자·홍성욱 옮김, 『과학혁명의 구조』, 까치, 2013.
해리 덴트, 권성희 옮김, 『2018 인구 절벽이 온다』, 청림출판, 2015.
홍성국, 『세계가 일본된다』, 메디치미디어, 2014.

青木昌彦, 経済システムの進化と多元性, 東洋経済新報社, 1995.
安倍義彦·池上重輔, 日本のブルー・オーシャン戦略, ファーストプレス, 2008.
池尾恭一, 日本型マーケティングの革新, 有斐閣, 1999.
石井淳蔵, 日本企業のマーケティング行動, 日本経済新聞社, 1984.
石井淳蔵, 営業が変わる, 岩波アクティブ新書, 2004.
石坂芳男, トヨタ販売方式, あさ出版, 2008.
石原武政·石井淳蔵, 製販統合, 日本経済新聞社, 1996.
伊丹敬之·田中一弘·加藤俊彦·中野誠, 松下電器の経営改革, 有斐閣, 2007.
稲森和夫, アメーバ経営：ひとりひとりの社員が主役, 日本経済新聞社, 2006.
今西伸二, 事業部制の解明, マネジメント社, 1988.
引頭麻美, JAL再生, 日本経済新聞社, 2013.
内田和成, デコンストラクション経営革命, 日本能率協会マネジメントセンター, 1998.
内田和成, ゲーム・チェンジャーの競争戦略, 日本経済新聞社, 2015.
恩蔵直人, コモディティ化市場のマーケティング論, 有斐閣, 2007.

加護野忠男・野中郁次郎・榊原清則・奥村昭博, 日米企業の経営比較, 日本経済新聞社, 1983.

河合篤男, 企業革新のマネジメント, 中央経済社, 2006.

川北隆雄, 失敗の経済政策史, 講談社現代新書, 2014.

金顯哲, 日本型マーケティングの再構築, 大学教育出版, 1998.

金顯哲, 最強企業のつくり方, ユナイテッド・ブックス, 2010.

嶋口充輝, 顧客満足型マーケティングの構図, 有斐閣, 1994.

嶋口充輝・上原征彦・片平秀貴・石井淳蔵, 柔らかい企業戦略, 角川書店, 2001.

関根威, 低成長時代に業績を伸ばす社長の条件, 幻冬舎, 2014.

髙嶋克義, 営業プロセスイノベーション, 有斐閣, 2002.

田村正紀, 機動営業力, 日本経済新聞社, 1999.

戸部良一・寺本義也・鎌田伸一・杉之尾孝生・村井友秀・野中郁次郎, 失敗の本質—日本軍の組織論的研究, 中公文庫, 1991.

名和高司, 失われた20年の勝ち組企業, PHP研究所, 2013.

難波正憲・福谷正信・鈴木勘一郎, グローバル ニッチトップ企業の経営戦略, 東信堂, 2013.

野口悠紀雄, バブルの経済学, 日本経済新聞社, 1992.

野口悠紀雄, 日本式モノづくりの敗戦, 東洋経済新報社, 2012.

野中郁次郎, 知識創造の経営, 日本経済新聞社, 1990.

野中郁次郎・徐方啓・金顯哲, アジア最強の経営を考える, ダイヤモンド社, 2013.

浜矩子, "ユニクロ栄えて国滅ぶ", 文芸春秋10月号, 2009.

原田泰, 日本の失われた十年, 日本経済新聞社, 1999.

富士ゼロックス総合教育研究所, 戦略的ソリューション営業, ダイヤモンド社, 2001.

船橋春雄, 荻生徂徠の経営学, 日経BP社, 2010.

ボストンコンサルティンググループ, 不況後の競争はもう始まっている, ダイヤモンド社, 2009.

マイケルE. ポーター, 日本の競争戦略, ダイヤモンド社, 2000.

松井忠三, 無印良品は仕組みが9割, 角川書店, 2013.

松原恭司郎, ビジネスモデル・マッピング教本, 日刊工業新聞社, 2013.

丸山真男, 日本の思想, 岩波新書, 1961.

宮崎智彦, ガラパゴス化する日本の製造業, 東洋経済新報社, 2008.

矢作敏行, デュアル・ブランド戦略, 有斐閣, 2014.

矢作敏行・小川孔輔・吉田健二, 生・販統合マーケティング・システム, 白桃書房, 1993.

柳井正, 一勝九敗, 新潮文庫, 2006.

箭内昇, メガバンクの誤算, 中公新書, 2002.
山田英夫, 逆転の競争戦略, 生産性出版, 2007.
山田英夫, なぜ、あの会社は儲かるのか, 日本経済新聞社, 2012.
リクルートマネジメントソリューションズ組織行動研究所, 日本の持続的成長企業, 東洋経済新報社, 2010.

Anderson, E. & Oliver R. L., "Perspectives on Behavior-Based Versus Outcome-Based Salesforce Control Systems," *Journal of Marketing*, Vol. 51, No. 4, 1987, p. 76~88.

Corcoran, K.J., Peterson, L.K., Baitch, D.B., & Barrett, M.F., *High Performance Sales Organizations*, McGraw-Hill, 1995.

Drucker, P. F., *The Practice of Management*, Harper & Brothers Publishers, 1987.

Hamel, G. & Prahalad, C. K., "Strategic Intent", *Harvard Business Review*(May-June), No. 3, 1989, p. 63~76.

Kim, W. C. & Mauborne, R., *Blue Ocean Strategy*, Harvard Business Review Press, 2005.

Kotler, P., *The New Competition*, Prentice Hall, 1985.

Kotler, P., *Marketing Management*, Prentice Hall, 2000.

Lee, H. L., Padmanabhan, V., & Whang, S., "Information Distortion in a Supply Chain: The Bullwhip Effect", *Management Science*, Vol. 43, 1997, p. 546~558.

Vogel, Ezra F., *Japan As Number One*, Harper Colophon, 1979.

저성장 시대, 기적의 생존 전략
어떻게 돌파할 것인가

초판 1쇄 발행 2015년 7월 20일
초판 18쇄 발행 2023년 5월 26일

지은이 김현철
펴낸이 김선식

경영총괄 김은영
콘텐츠사업본부장 임보윤
책임편집 봉선미 **크로스교정** 한보라
콘텐츠사업1팀장 한다혜 **콘텐츠사업1팀** 윤유정, 성기병, 문주연, 김세라
편집관리팀 조세현, 백설희 **저작권팀** 한승빈, 이슬
마케팅본부장 권장규 **마케팅2팀** 이고은, 김지우
미디어홍보본부장 정명찬 **디자인파트** 김은지, 이소영 **유튜브파트** 송현석, 박장미
브랜드관리팀 안지혜, 오수미 **지식교양팀** 이수인, 염아라, 석찬미, 김혜원, 백지은
크리에이티브팀 임유나, 박지수, 변승주, 김화정 **뉴미디어팀** 김민정, 이지은, 홍수경, 서가을
재무관리팀 하미선, 윤이경, 김재경, 안혜선, 이보람
인사총무팀 강미숙, 김혜진, 지석배, 박예찬, 황종원 **제작관리팀** 이소현, 최완규, 이지우, 김소영, 김진경, 양지환
물류관리팀 김형기, 김선진, 한유현, 전태환, 전태연, 양문현, 최창우
외부스태프 표지디자인 씨디자인 본문디자인 김성엽

펴낸곳 다산북스 **출판등록** 2005년 12월 23일 제313-2005-00277호
주소 경기도 파주시 회동길 357 3층
전화 02-702-1724 (기획편집) 02-6217-1726 (마케팅) 02-704-1724 (경영관리)
팩스 02-703-2219 **이메일** dasanbooks@dasanbooks.com
홈페이지 www.dasanbooks.com **블로그** blog.naver.com/dasan_books
종이 한솔피엔에스 **출력·제본** (주)갑우문화사

ISBN 979-11-306-0564-7 (13320)

© 김현철, 2015

- 책값은 뒤표지에 있습니다.
- 파본은 구입하신 서점에서 교환해드립니다.
- 이 책은 저작권법에 의하여 보호를 받는 저작물이므로 무단 전재와 복제를 금합니다.
- 이 도서의 국립중앙도서관 출판시도서목록(CIP)은 서지정보유통지원시스템 홈페이지(http://seoji.nl.go.kr)와
  국가자료공동목록시스템(http://www.nl.go.kr/kolisnet)에서 이용하실 수 있습니다. (CIP제어번호 : CIP2015015524)

다산북스(DASANBOOKS)는 독자 여러분의 책에 관한 아이디어와 원고 투고를 기쁜 마음으로 기다리고 있습니다.
책 출간을 원하는 아이디어가 있으신 분은 이메일 dasanbooks@dasanbooks.com 또는 다산북스 홈페이지 '투고원고' 란으로
간단한 개요와 취지, 연락처 등을 보내주세요. 머뭇거리지 말고 문을 두드리세요.